有時美妙，有時臭臭，你不知道的 **聽說** 歐洲趣味史之超有事日常

勇者才有資格吃孔雀？

里鹿——著

推薦序

穿越次元與時空的藝文之旅

謝良駿

我非常榮幸能夠向大家推薦您手上的這本《聽說勇者才有資格吃孔雀？》，期待透過我的介紹能讓您初步領略本書的美好，並且用新台幣將這本書下架帶回家。為了幫助您更認識本書的作者里鹿老師，我想先和大家介紹一下我與里鹿老師的緣分，源自於她受邀至台北律師公會古典音樂社演講開始。

身為古典音樂社的社長，我雖然對樂理一竅不通，但本於單純對古典音樂的喜愛，總是希望能夠對音樂有更多認識、期待從中獲得更加深刻的理解與體會。音樂是人類生活與文化的一部分，古典音樂當然也不例外。從作曲家的生平與歷史、透過樂譜與作曲結構來理解樂曲，固然是認識音樂的一種方式。然而，是否還有其他聆聽或鑑賞音樂的角度或觀點呢？每一位音樂家在創作的當下，無一不受到當代的繪畫、美術、文學等文化藝術的影響、薰陶、甚至是啟發。那麼我們是否能藉由回到作曲家當下生活的環境，進而體驗與認識樂曲呢？

懷抱著這樣的想法，社長我私心決定以最喜愛的法國印象派音樂為主題，相信應該不會有人不喜歡德布西（Achille-Claude Debussy）或拉威爾（Joseph Maurice Ravel）的音樂。但是，熟悉法國藝術與文化的講師要去哪裡找呢？於是我突然想到里鹿老師。

里鹿老師畢業於法國巴黎高等文化藝術管理學院，主修當代藝術策展、副修世界文化遺產推廣與維護。大學畢業後，老師又繼續前往英國華威大學深造，專攻藝術收藏史與藝術市場分析。

就這樣，老師憑藉著她在歐洲藝術史的專業造詣，帶領著我們搭乘時光機，或者用現在比較流行的說法是「轉生到異世界」，來到十九世紀的法國咖啡廳，感受與體驗當時巴黎資產階級的生活；也走到賽納河畔，進入平民百姓的日常生活，理解印象派浪潮在當代所帶來新繪畫與新音樂的時代意義。跟隨老師的異次元魔法，我們還去過文藝復興時期的歐洲，一窺巴洛克時期藝術家的生活日常，聆聽拉摩（Jean-Philippe Rameau）、巴哈（Johann Sebastian Bach）與韋瓦第（Antonio Lucio Vivaldi）的音樂，欣賞卡拉瓦喬（Michelangelo Merisi da Caravaggio）、魯本斯（Peter Paul Rubens）的畫作，以及貝尼尼（Gian Lorenzo Bernini）的建築與雕塑。不僅如此，我們還「飛向宇宙，浩瀚無垠」造訪過外太空，從火星一路飛往海王星，在霍爾斯特（Gustav Theodore Holst）的行星組曲中，感知古希臘羅馬神話眾神們的喜怒哀樂。

里鹿老師不只是位特殊屬性的魔法師，還是一位穿越次元與時空的專業嚮導。里鹿老師規畫的行程裡，沒有觀光客或網美出沒的熱門拍照打卡景點，只有在地人才熟悉的私房景點。或許你曾去過法國的凡爾賽宮，但想必你不曾看過太陽王路易十四的大、小起床禮與廁所禮；身為台灣人的你一定吃過牛奶鳳梨，但你一定沒吃過法國路易十五的皇家園丁所培育、價值百萬的「王冠鳳梨」。但我個人最喜歡的經典行程，莫過於光明正大地合法觀看少女們換衣服（警察杯杯請等等，讓我講完再抓我）。十八世紀雖然沒有「胖次（パンツ、pants）」可以偷看，呃，是合法地看，但大腿上的吊襪帶寫著「我這一生只愛你」和「人人平等」，真的是讓人感到「我好興奮啊！」（抱歉警察杯杯請再等一等），吊襪帶發明者應該值得獲得一座諾貝爾獎吧！咳咳……不能再講下去了，我的人設到這邊好像有些歪掉了，生而為人，我很抱歉。

但我會以如此專注的眼神盯著美好的少女們，當然也是有我的原因（推眼鏡）。幸虧有這些勇者無懼的女孩們，在法國大革命期間無畏地走上街頭，於西元一七八九年發表《婦女和女性公民權利宣言》（*Déclaration des droits de la femme et de la citoyenne*）宣示「女人生而自由，且與男人的權利平等」，她們起身反抗禁止女人穿褲子的法律，讓喬治・桑（George Sand）成就蕭邦（Frédéric François Chopin）的音樂，也啟發香奈兒（Gabrielle Bonheur Chanel）創造經典時尚，後世的我們也才得以享受這些美好。

作為一位古典音樂及藝術愛好者，我尤其喜愛本書呈現各種文化和藝術風格，本書就像是一個繽紛燦爛的歷史珠寶盒，讓我們一覽歐洲文化、藝術和生活的多重面向。藉由閱讀書中的文字與圖畫，我們身歷其境地見證了那些存在於歷史上某些時期不同階級的人們，是如何度過他們的日常生活，而這些大大小小、奇奇怪怪的細節也非常有趣（里鹿老師妳的腦子裡到底裝了什麼？）。這些細節不僅反映了當時的社會和文化背景，我們也能從中發現文化藝術是如何影響當時人們的生活方式、思想以及價值觀，有助於我們對於部分歷史事件的認識。因此我想藉這個機會，向本書的作者里鹿老師獻上最誠摯的敬意，感謝她花費大量的時間和心血，創作出如此出色的作品，讓我們能夠更深入地了解、體驗歷史上那些充滿魅力的時期，以及身處在其中的人們。這對於喜愛古典音樂及西洋藝術的人來說，絕對是一生之中必讀的好書。

隨著疫情解封，每個人都迫不及待出國旅遊。但是倘若您和我一樣在意旅遊的品質，不喜歡人擠人，那麼比起出國自助旅行，我更推薦您來參加里鹿老師的時光旅行團，閱讀本書、按圖索驥，相信您也一定會和我一樣，擁有一趟精采有趣、難以忘懷的藝術之旅。

謝良駿，執業律師、台北律師公會古典音樂社社長

目次

III 男子奮鬥篇
——娶個老婆提升階級地位可行嗎？

Ⅳ 女子逆襲篇

——貴族少婦跟俊美青年談情說愛是常識？

V 饗食品味篇
——聽說勇者才有資格吃孔雀？

Ⅰ

凡爾賽玫瑰篇

——波旁王朝國王們的小故事

全法國都圍繞在路易十四身旁

時值西元一六二四年，當時的法國國王路易十三買下了一片滿布沼澤的森林荒地，選擇在那兒打造出一棟兩層樓的紅樓磚房作為他的狩獵行宮。起初，那棟紅樓磚房只有分隔出二十六間房間，分為辦公室、寢室、會客廳、藏衣室等等。那麼，國王的房間位於磚房二樓，房間家具十分簡約，有蓋著綠色錦緞的有頂大床、兩張單椅、六個矮凳、一張大桌子地上鋪著皮毛地毯，僅此而已。

這塊森林荒地，叫做凡爾賽。

路易十三的兒子，後世尊稱太陽王的路易十四，在四歲半由於爸爸去世而繼位後，歷經了幾次巴黎內政動亂，其中長達最久從西元一六四八—一六五三年的投石黨運動（Fronde），讓年幼的路易十四兩度從巴黎暴亂中逃到外省避難，再加上同時期還有一直到西元一六五九年的法西戰爭，年幼的路易承受了各種心理壓力和政治

十歲的法國國王路易十四肖像畫
亨利・泰斯特林（Henri Testelin），
凡爾賽宮法國歷史博物館
（Le musée de l'Histoire de France）館藏，
1648 年。

法國國王路易十三
菲利普・德・尚佩涅
（Philippe de Champaigne），
英國皇室收藏，
1622—1639 年。

動亂（也許這就是造成路易十四還未成年就有便祕宿疾的緣故？）。

在這期間，法國國際地位下降，國內社會混亂，稅收大減，士兵減少至三分之一數量，導致路易十四在成長過程中決心從法國國內著手，開啟君主中央集權的策略，而這個策略的實行，就是從他父親買下的那塊只有一棟狩獵行宮的荒地森林開始，路易十四花了將近五十年的光陰去擴建完善這座歐洲最華麗和壯闊的城堡——凡爾賽宮。

對於路易十四來說，凡爾賽宮不僅僅是一座為了提供舒適奢華享受的皇宮，更是一種實行統治最重要的政治手段，凡爾賽宮所提供所展現出的一切，都象徵了君權神授君主專制的最大化。路易十四為了能夠溫水煮青蛙的消除勢力強大的法國各地方貴族，在凡爾賽宮興建完成之後，便邀請全國主要貴族領袖集中於凡爾賽宮居住，讓貴族領主們變成宮廷內的一員，讓大家身在其中共同享樂體驗美的力量，創造出時尚的詞彙與吃穿用度的準則。同時為了展現君主王權的威嚴，路易十四安排在宮中舉行各種場面浩大壯觀的典禮、晚宴、舞會、狩獵等各種娛樂活動。那麼當然，關於餐桌上的工藝及藝術，諸如瓷器的研發，水晶器皿的官方皇家授權窯廠，餐桌擺設，席捲全球的法式高級料理之濫觴，也就是從路易十四所建立的這棟凡爾賽宮開始。

自從十六世紀的法國國王亨利三世他將君主的日常生活設立了各種法規，就連君王的用餐都頒布了數十條條文，明確規定國王在哪些場合要遵守哪些秩序，從那時候開始，以用餐來說，就分為君王的公開用餐儀式以及私人用餐儀式。

我們今天的主角則是將這些規則變本加厲的詮釋，路易十四每日從睜眼那一刻開始的日常生活都在許多朝臣和各地領主的圍繞之中，而尤其分布在全法國各地的領主們為了吸引到國王的寵愛和賞賜，必須定期回到凡爾賽宮的皇室住所居住並且遵守禮節規矩。如果這些貴族領主們能好好地遵從在凡爾賽宮的住宿日期以及定期參與被邀請的各種節日和典禮，他們便可以在未來獲得皇家養老金和國王的注視並且讚賞後的各種不同犒賞，有一句話可以概括這個概念：「全法國都圍繞在路易十四身旁」，這可以說是路易十四非常奸巧剝奪各領主在自身領地中權力的大招，一個非常有才的戰略邏輯。

根據記載，一天之中，約有三千──一萬不等的人口居住在凡爾賽宮，形成了一個無比異質化和階級化的社會。朝臣要跟隨著禮儀而移動，這些細緻的規則標示著各種優先次序，決定了誰可以在什麼地方什麼時間與皇宮裡的哪一位大人物見面，用語和禮節也經過書面編撰，例如使用稱謂，誰可以坐下，誰是站著的，以及扶手椅、椅子或是板凳的使用權。路易十四賦予貴族一種至高無上的服務感。服務的對象是君主，為了取悅國王，貴族開始爭風吃醋爭先恐後地將專注力用在討好路易十四，這有助於對貴族的某種控制，從而由所有人的潛意識中開始加強了皇室的權威。

從巴黎大道欣賞凡爾賽宮及花園

皮埃爾・帕特爾（Patel Pierre），凡爾賽宮法國歷史博物館館藏，1668 年。

科爾伯特（Jean-Baptiste Colbert）於西元 1667 年向路易十四介紹皇家科學院的成員
（同時畫面後景中出現了新的巴黎天文台）
亨利・泰斯特林，凡爾賽宮法國歷史博物館館藏，1673—1681 年。

太陽王路易十四的一日行程

從前從前的法國，那個凡爾賽的年代，也就是十七世紀下半葉，距今約三百年前的那個時代，由歐洲史上在位最久的君主（西元一六三八—一七一五年）——那位愛好裝扮、在凡爾賽宮擁有第一間私人浴室的法國國王路易十四，他在凡爾賽宮的生活會是什麼樣的情景呢？

在這邊我們不會先一一細數這些時尚奢華及美好的傳承故事，而是會來瞧瞧太陽王路易十四是如何的大食量以及如何充滿藝術感地隨處拉屎！

那麼，讓我們從路易十四在凡爾賽宮的一天開始：

非常沒有隱私 der 小起床禮（Petit Lever）

07:30 A.M.

國王的寢宮首席侍從 aka 大總管起床了，十五分鐘後，大總管帶領一隊僕人靜悄悄地進到國王寢宮，打開百葉窗、將燭火熄滅，收拾掉吃了一半的夜間點心。

然後到了早晨八點，寢宮首席侍從在路易十四的耳邊小聲喚醒國王，說道：「陛下，起床的時間到了！」起床儀式開始，內科及外科醫生進入床簾內幫國王檢查每日身體狀況後，與國王有血親的皇室成員和幾個爭寵而來享有正式出入權的寵臣及法國地方領主即魚貫進入國王寢宮，爭相跟國王打招呼，看著路易十四從床上起身準備換衣服。

國王一點賴床的時間都沒有，八點十五分整，寢宮首席侍從在眾皇室成員面前伺候國王洗漱、梳頭與剃鬍鬚。路易十四坐在床沿，聽取皇室成員們約莫十五分鐘的簡短報告，牧師在一旁等待著遞出聖水。首席侍從接著介紹了今日的各式假髮樣式與髮型款式給國王選擇，之後，路易十四下了床，披著長袍，穿上他的高跟拖鞋，坐在沙發扶手椅上，皇室理髮師開始整理國王的門面，小起床禮就此完成。

同樣非常沒有隱私 der 大起床禮（Grand Lever）

08:30 A.M.

寢宮和藏衣室的侍從們依次進入，服侍國王進行大起床禮，這個時候國王會被服侍著穿上凡爾賽宮廷裡國王必備的正式上班服飾，雖然說看國王穿衣服這個禮儀的與會者是男士限定，並且只有王國中最重要的人物才會被獲准參與此儀式，不過人數通常會達到近百名，也就是毫無保持社交距離將整個欄杆後的房間空地全部塞滿的盛況。

路易十四身著加冕長袍的肖像畫

亞森特．里戈（Hyacinthe Rigaud），法國巴黎羅浮宮館藏，1701 年。

是該吃個早餐了（Le Petit Déjeuner）

09:00 A.M.

九點整，國王早餐時刻，國王今日邀請了宮廷劇作家莫里哀（Molière）來國王寢宮的小餐桌旁一起享用早晨起床後的第一餐，若沒有邀請客人，路易十四通常會是以兩杯花草茶或熱湯來開啟一天的味蕾，而本日邀請了莫里哀，因此上了些簡單的肉和菜，搭配聖克盧（Saint Cloud）窯廠的瓷盤，使用著純銀的小刀，莫里哀前方的餐具可能會有因為餐桌禮

路易十四與莫里哀在凡爾賽宮共進早餐
讓．奧古斯特．多明尼克．安格爾（Jean Auguste Dominique Ingres），1837 年。
（原畫作於 1871 年在法國巴黎杜樂麗宮喜劇圖書博物館被毀。）

儀而存在的兩齒小叉子，而路易十四對個人小叉子這個新型餐具特別恐懼，怕把自己戳死所以拒絕使用，因此他都是直接以手指當餐具使用。

我們可以看到他們兩位用餐的地方是在國王的床左邊，壁爐前方，剛好是大理石欄杆的出入口。僕從將小餐桌置放在此，表示國王對客人的親近之意，也方便客人與國王稍待之後的行程動線。

用餐完畢之後，國王會跪在房間的小跪凳（le prie-dieu）上祈禱，接著換頂威風凜凜的假髮，前往開啟他一整天工作模式的書房。

每日朝覲（Occupation de la journée）

10:00 A.M.

從國王寢宮出來後，往凡爾賽宮的鏡廳裡看出去有著一長條儀式隊伍。廷臣跟隨路易十四依次穿過大居室的房間，這是聚集在儀式隊伍經過之處的人們能夠見到君主的時刻。有些臣子有幸能與國王短暫交談，或者遞給國王一張字條。國王漫步來到凡爾賽宮的皇家小禮拜堂，待在祈禱席望彌撒，約莫持續三十分鐘。

在凡爾賽宮鏡廳的大臣見面會

11:00 A.M.

回到居室後，國王在他的書房裡舉行會議。週日和週三召開國家會議或「高層」會議，週二和週六召開皇室財政會議；週一、週四和週五召開的補充國家會議可以代替公函會議（國內事務）或信仰會議（宗教事務）。這些日子裡，國王還要決定研究工程計畫的進展情況。五、六位大臣與君主一起團隊工作，他很少說話，卻很注意聆聽，並且總是最後才做出決定。

午餐時刻（Le Déjeuner）

01:00 P.M.

國王的第二餐約莫在早晨禮拜結束，開完早上的國事會議之後展開，約莫是下午一點，路易十四通常喜歡回到自己的國王寢宮裡獨食，坐在一張面對窗戶的餐桌前獨自用餐。原則上，這一餐應該是屬於私人性質的，不過路易十四總是會允許宮廷

路易十四在國王議會中處理公事

匿名，凡爾賽宮法國歷史博物館館藏，1661 年之後。

裡那些被許可出席觀看起床禮的人一同參加。根據他的私人醫生記載，路易十四一次能喝四盤湯、一塊原味烤羊肉搭配蒜汁醬、這幾天出去狩獵打的野味加沙拉、幾片火腿、滿盤的蛋糕甜點、再加上兩顆雞蛋和一些水果，非常驚人。

午後散散步消消食

02:00 P.M.

路易十四會在早上決定這個時刻要散步或是去打獵。若決定來場悠閒的散步，那麼就會待在凡爾賽宮廣闊的花園裡，國王也許會與朝臣一同並行散散步，也許乘坐馬車與夫人們一起悠閒談天，或引領大夥兒遊覽阿波羅噴泉逛花園。如果他選擇打獵，那麼路易十四也許會在花園裡進行射獵，或是騎上馬帶著獵犬及僕從們去近郊的森林中圍獵。有時也會去自家的菜園溫室瞧瞧來自熱帶國度的水果它們的種植培養進度。

法國國王路易十四的御用園藝師讓．巴蒂斯特．昆提涅（Jean Baptiste de la Quintinie），常駐凡爾賽宮。由於路易十四每天都想要吃到那些他最愛的白天很適合享用的蘆筍碗豆所熬煮成之燉菜以及朝鮮薊和水果，於是他設立了凡爾賽宮裡的溫室植物園，讓這些他愛吃的蔬果能夠在非產季時節種植收成，因此從南美洲的智利引進的草莓，可以成功在一月份的溫室裡種植成功，也能夠在十二月種植蘆筍，六月種植無花果。

晚餐時間（Le Dîner）

06:00 P.M.

路易十四通常會讓他的兒子主持宮廷內部娛樂活動，譬如說化妝晚會。每一場與大臣領主們的享樂夜晚開始，一週舉辦三次，有各種演出表演可看，還有牌桌撞球桌供大家遊玩，貴族大臣們在此例行聚會，一起跳跳舞喝喝酒敞開肚皮吃個甜點。這些所謂的甜點時間一路會吃到晚上十點——晚餐開始的時刻。當宴會的時間來到，大家想像中所知道的一餐會上不只七道菜的法國高級料理，也就是在這個時候開始萌芽誕生。

至於國王，他要趁這時刻在私人工作室簽署國務祕書們準備好的許多信件，研

Louis XIV jouant au billard. — Dessin de Bocourt, d'après l'estampe gravée par Trouvain.

路易十四在凡爾賽宮打撞球

安托萬·特魯萬（Antoine Trouvain），凡爾賽宮法國歷史博物館館藏，1694 年。

究一些重要資料。

在這邊順帶提一下，像是水晶器皿這種高級品雖然是地位的最高象徵，不過國王的餐桌面前是不會有水晶酒瓶的，當路易十四想喝一杯的時候，侍酒僕從就會馬上提供一杯勃根地葡萄酒或是一杯聖路易水晶杯盛裝的水杯。因為啊！根據記載，西元一七〇九年的一、二月，凡爾賽宮的室外溫度為零下二十度，葡萄酒在水晶瓶中會完全結凍！

晚宴開始？明明才吃完晚餐，馬上又來個晚宴

10:00 P.M.

人們聚集在國王寢宮的候見廳裡，參加位於大穹頂廳裡舉辦的晚宴。在晚宴中，個人餐具的擺放位置都是有邏輯的合乎用途：左手用叉子，因此擺放在餐盤的左方，右手拿著刀，因此刀子放在右邊，同時，湯匙會放在刀子的右邊。這邊說個題外話，中世紀的餐桌上是沒有擺放個人叉子的概念，當時餐桌上的叉子是兩齒且賓客共用的大叉子，大約等同於我們公筷的概念，賓客用大叉子叉起餐桌上的菜餚，例如孔

雀肉，大家會把肉用大叉子叉回自己的木盤上，接著把叉子再放回餐桌，然後用雙手拿取吃著盤前的菜餚。一直到凱薩琳·德·麥迪奇皇后（Catherine de Médicis）的兒子亨利三世於西元一五七四年到義大利參訪後，初次使用到他覺得方便無比的個人用叉子，立刻將之帶回法國。如果有看過那時候的國王肖像畫，就知道當時流行的是硬挺到不行，把自己的脖子圍出一個安全距離的蕾絲圓領，而使用叉子吃飯正是可以優雅避開那個因為沾到醬汁而黏噠噠的手，又或許能避免把醬汁滴到巨大裝飾物白領子上的好物。

凡爾賽宮廷中的刀叉擺放方式，叉子擺放時是齒尖朝下，湯匙則是背面朝上，這樣的擺設方式源自於法國的工藝傳統，最早工匠習慣將訂購餐具人的姓名簡寫字母或家族紋章雕刻在餐具背面。

國王坐在桌旁，身邊圍繞著皇室成員，晚餐用畢後，路易十四會穿過寢宮，來到沙龍向宮廷女眷們打招呼。接著，他會回到工作室，在那兒，終於可以擁有自在地與家人或幾個近親交談的時光。

只是想要睡個覺依舊搞得很麻煩的國王就寢儀式

11:30 P.M.

日落就寢儀式，是路易十四從工作室返回寢宮的公開儀式，儀式內容就是縮減版的起床儀式。

以上，不知各位有沒有發現，就連起床剃鬍鬚這件事都會鉅細靡遺記錄的國王起居生活，為什麼少了沐浴泡澡時光，以及廁所禮呢？在這個皇室成員毫無隱私的年代，怎麼會少記錄了如此重要之事！

首先，由此可知，連國王都不是天天洗澡的，泡澡只是一種當時的奢華享受。其次，如廁這件事，事實上隱藏在每日行程之中啊！從與大臣交流政事的每日朝覲開始，路易十四就一直在進行如廁這件事。

持續進行如廁？這個邏輯怎麼有點說（拉）不（太）通（久）？

事實上，咱們偉大的太陽王路易十四擁有自己專屬的便便椅（Chaise percee de Louis XIV），當國王進入他的工作領域之後，無論是在處理公事，聆聽臣子奏疏，接見親近外賓等等，基本上都會坐在他的便便扶手椅上，一邊培養拉屎的情緒，一邊行使身為國王的義務與責任；是的，太陽王路易十四從小開始即有著嚴重的便祕習性，因而需要這個設施來幫助國王隨時有便意時方便解放。

「國王今日上午十點二十六分的糞便顏色有點偏白，乾燥顆粒五顆，之後排了一些尿，醫生開的藥應該是有作用的。」

——摘自便便椅侍從紀錄

從阿祖努力到曾孫終於開花結果的鳳梨栽培紀錄

大家都知道的，歷史地理課本都有提到過的航海探險家克里斯多福．哥倫布（Cristoforo Colombo）在西元一四九二年發現了美洲新大陸，接著，哥倫布於西元一四九三年抵達西印度群島，在加勒比海上的瓜地洛普島（Guadeloupe）發現了鳳梨這種從來沒有出現過的奇異水果。對這群在海上漂流需要限制飲用水的航海員來說，上岸後吃到一片充滿水分和糖分的黃色果實，簡直就是最棒的禮物，他們在鹹水漫長的旅途中，終於能夠舒爽地解渴了！

根據哥倫布的航海紀錄上有寫道：「它的形狀像松果，但大小是它的兩倍，而且味道很好。您可以像切蘿蔔一樣用小刀切割它，打開來呈現的果肉看起來吃了會變得很健康。」

鳳梨這樣特殊的水果，在被哥倫布發現後的五十年間，於西元一五四八年的記載中，已經傳播到中南美洲加勒比海的各個島嶼上，各個島嶼皆開始種植，甚至擴散到整個熱帶美洲，抵達了法國人居住的馬丁尼克島（La Martinique），俗稱的花之島，這就是鳳梨這項純種熱帶水果被法國人知曉，甚至被凡爾賽宮的主子們奉為上賓的開端。

讓─巴蒂斯德．迪．泰爾特（Jean-Baptiste Du Tertre），這位神父兼植物及鳥類學家，於西元一六六七年出版的《安地列斯群島通史》（*l'Histoire générale des Antilles habitées par les François*）中，首度稱鳳梨為水果之王，原因是什麼呢？因為上帝在它的頭上戴了王冠。書本上是這樣記載的：「我在這裡可以明確地封鳳梨為水果之王！因為，它就是世界上最美麗且最美味的水果。正因為如此，國王們的國王——上帝在鳳梨的頂部戴上了如王冠般的皇室標誌。」

至此之後，歐洲的傳教士只要到世界各地布道，若有機會，便會一手拿著《聖經》，一手拎著稀有的舶來品鳳梨，宣揚鳳梨這上帝偏愛的水果，不但可以止渴，且餓了可以食用，生病可以用來醫治，甚至連鳳梨葉子也可做成纖維編織成衣服。

鳳梨，成為了專屬於保留給貴族皇室的特供食材，鳳梨在那個法國路易十四、十五的年代就是皇室才能使用的奢華代表。在這邊，我們就要來談談，關於這一幅現存於法國凡爾賽宮之鳳梨肖像畫的故事。

鳳梨，身為一種原產地離歐洲超級遠的南美洲亞馬遜雨林熱帶水果，一直到十七世紀後期才首次被引進法國宮廷提供國王享用。而那位國王，就是我們上一篇提到的，年幼時粉嫩可愛，稚齡五歲便接掌皇位，青少年時期愛上芭蕾舞，集舞台設計、服裝設計和編舞大師等多項斜槓職業爲一體，自此之後愛上以浮誇造型加上

盆栽裡的鳳梨

讓—巴蒂斯特．烏德里（Jean-Baptiste Oudry），凡爾賽宮法國歷史博物館館藏，1733 年。

路易十四在芭蕾舞台中所穿的阿波羅服裝

亨利．吉賽（Henri de Gissey），私人收藏，1653 年。

高跟鞋半露長腿爲國王肖像照標配，同時將法蘭西帝國推上歷史最高峰的法國最偉大國王——太陽王路易十四！

當路易十四首次品嚐到這款來自熱帶雨林的異國風味時，立刻就對鳳梨陷入狂熱喜愛中，並將其真正認證，冊封鳳梨為水果之王！甚至曾經出現過一個太過浮誇的傳聞，當路易十四第一次拿到鳳梨時，太渴望想立刻品嚐它，以至於直接咬了下去，嚴重地傷了上唇（是有多狂熱？）。

路易十四的御用園丁讓—巴蒂斯特．昆提涅，則得到國王的命令，於西元一六四二年將第一株來自新大陸運來的鳳梨苗孕育在盆栽中，無奈，出生在熱帶地區的鳳梨苗遲遲無法在凡爾賽皇家植物園的溫室中本土育苗成功，畢竟對鳳梨來說，凡爾賽宮實在是太冷了啊！

事實上，連育種苗都很難活著抵達法國，就算成功的種到溫室盆栽中，對鳳梨來說過於寒冷的天氣很快就殺死了它們，鳳梨苗覺得冷覺得萎靡不振覺得活不下去。

也因此，凡爾賽宮的花園中，一直有著時不時從遠方新大陸運來的成熟鳳梨盆栽供國王享用，及讓貴族們觀賞，甚至凡爾賽宮的鳳梨盆栽，曾經同時間種了四千盆之多！並且，鳳梨也成為了宮廷裝飾藝術的新寵，例如床罩壁飾椅布等紡織品，宮廷內部的壁雕設計，家具和藝術品的靈感來源等等。那麼，在凡爾賽宮廷中最常見的鳳梨享用方法就是拿來當冰品甜點調配囉！也就是鳳梨雪酪！

西元一六九〇年，太陽王路易十四與西班牙的查理二世締結了一項新的條約：將伊斯帕尼奧拉島割讓給了法國，並更名為聖多明哥，也就是今天的海地。海地原為印第安人部落阿拉瓦克（Arawak）族居住地。西元一四九二年哥倫布航行至此發現此島。想當然耳，這個島上種植了許許多多的鳳梨，凡爾賽宮廷內也就有了更多管道獲取水果之王鳳梨。

時光飛逝，路易十四的繼承者，他的曾孫路易十五的皇家園丁，在試驗各種催熟的方式之後，於西元一七三三年十二月二十八日終於成功地培育出了第一顆法國本土產的鳳梨呈給國王。路易十五二話不說，趕緊傳喚宮廷肖像畫家讓—巴蒂斯特·烏德里（Jean-Baptiste Oudry），將首顆本土培育鳳梨，以皇室成員肖像畫同等級的概念記錄下來。很快，鳳梨也成為了路易十五最喜歡的水果之一，並迅速蓋起了一座專屬鳳梨培育，每年需耗費一千圖爾里弗爾（livre tournois，中世紀法國貨幣單位），大約等同於今日九十六萬五千元台幣的維護費用之新溫室，而這個溫室所培育出的法國本土產鳳梨也成為當時法國皇室最流行的外交禮品。

一直到西元一七八九年法國大革命之前，在那個凡爾賽宮的年代，溫室裡的鳳梨們，一直都是以一顆鳳梨一個盆栽的模式在進行培育。也因此我們看到的那幅西元一七三三年所繪製之第一顆法國本土培育成功的鳳梨肖像畫，是一株長在大盆栽裡的帥氣鳳梨啊！

與路易十六共度西元一七八七年的聖誕夜

對我們亞洲地區的人們而言，農曆新年的前一天除夕夜，是大夥兒與家人共享的除夕團圓時刻，那麼對歐洲人來說呢？聖誕夜就是大家一年一度的家族團圓夜，趁這個機會，我們一起穿越到西元一七八七年的凡爾賽宮，來陪著太陽王他曾孫路易十五的兒子國王路易十六一起見證，法國皇室的除夕——聖誕夜吧！

路易十六：「一七八七年十二月二十四日的這一天很簡單，就跟平常的每一天一樣，城堡內的日常活動不會令我感到興奮，鏡廳好像有著慶祝活動，不過我覺得還是先去一下皇家禮拜堂吧。」

09:00 P.M. 禮拜前的精瘦餐點

路易十六悠哉漫步地穿過禮拜堂旁邊的通道，進入一個可當作飯廳的獨立空間，飯桌上擺放著為了待會兒能完美呈現聖誕節前夕的虔誠禮拜儀式前，會先品嚐一頓好填飽肚子。在持續的齋戒期中，對皇室而言極為節儉的飯菜，他獨享了一些魚類料理和湯點，還有傳統聖誕夜晚餐中會吃的季節食品——生蠔。

10:00 P.M. 聖誕夜的虔誠禮拜

整個十二月皆是天主教禮拜的時期，在這段時間裡，宮廷中禁止歡樂、禁止決鬥、禁止表演喜劇，同時國王會（必須）對皇室成員保持慈善和藹的關懷態度。等待國王路易十六在禮拜堂做完三個午夜彌撒後，慶典即將開始！

11:00 P.M. 奢華宴會開始

彌撒過後，代表的是整個齋戒期結束，該是時候吃一頓再豐盛不過的飯了！家禽、閹雞、用松露調味的肉類，還有就是從十六世紀開始聖誕夜必備的聖誕火雞，以及替代了鵝肉，從殖民地引進的母雞肉搭配美味的栗子！伴隨這些美味佳餚的是會起泡和有著辛辣感的釀造葡萄酒。

因此就算沒有舞會，這一道道的美食料理足以滿足所有賓客和皇室成員的挑剔味蕾。

00:00A.M. 聖誕樹呢聖誕樹？

午夜十二點，聖誕節正式來臨，是說，路易十六啊，你是不是忘記了什麼事？我們想像中聖誕節必備的聖誕樹呢？凡爾賽宮的鏡廳是不是該裝飾一下美麗的冷杉編織花圈？

事實上關於聖誕節裝飾聖誕樹的習俗是從東歐流傳過來的，當年路易十六的太祖——太陽王路易十四的弟妹帕拉蒂娜公主提議宮廷內可以在聖誕節時像在她的故鄉德國一樣種植黃楊屬（buxus）的灌木，並點上蠟燭。（關於帕拉蒂娜公主的故事，請見「生活百科篇——隨地解放這件事是真的嗎？」之「如廁的藝術」）

不過，對凡爾賽宮的皇室而言這種作法新潮到感覺過於異教徒風格，不適合皇

路易十六、瑪麗・安托瓦內特和他們的兩個孩子
馬修・西蒙拍賣公司（SCP MATTHIEU SEMONT）收藏，1825 年。

家宮廷的虔誠態度。

因此路易十六也就只是與家人一同吃完豐盛的聖誕夜晚宴，在睡前先回小辦公室工作，是的，即使是聖誕節，國王也沒有放假！那孩子們呢？是否就只能在床邊祈禱上床睡覺，有沒有聖誕老公公從煙囪下來將禮物塞到襪子裡呢？

01:00 A.M. 聖誕禮物呢禮物呢？

每年的十二月二十四日聖誕夜在當時完全是一個宗教慶典，因此新年禮物不是在十二月二十四日分發，而是在跨年夜十二月三十一日的時候派送，用以紀念跨越來到新年的夜晚。

當然路易十六跟瑪麗皇后的孩子們，就可以在跨年夜得到父母送的禮物囉！而路易十六給皇室成員親友的新年禮物完全像是我們過年發紅包的概念，通常是簡單霸氣又直接的現金！

II 生活百科篇

——隨地解放這件事是真的嗎？

如廁的藝術

談到上廁所，首先要介紹一位公主。她，是法國最偉大的國王太陽王路易十四的弟妹，被尊稱為皇后之下最重要的宮廷貴婦，瑪麗．安托瓦內特皇后的曾祖母，出生於德國巴伐利亞皇室（Kurpfalz）的帕拉蒂娜公主（Elizabeth-Charlotte, Princess Palatine）。

這位公主，沒有壞皇后餵他吃紅蘋果，也沒有幼年喪母，更沒有王子對她實行親親性騷擾而因此愛上對方並結婚。她，就是一位比較愛寫信給親朋好友的文青公主。

這位公主，爾後的法國奧爾良公爵（Duke of Orléans）夫人，對於後世最有貢獻之處，在於她超級宇宙無敵愛寫信，並且由於身為公主，她有著自個兒養得皇家快遞為她辛勤工作，因此公主她歐洲各地的閨密親友們都能即時收到來自公主的各種

帕拉蒂娜公主

德國曼海姆，賴斯．恩格爾霍恩博物館群（Reiss-Engelhorn-Museen）館藏，1670 年。

心情書寫、無事抱怨、有事悲鳴的信紙，就好比公主有個IG帳號，每日狂po限時動態（摯友限定）的頻率。

帕拉蒂娜公主從十九歲（西元一六七一年）嫁到法國開始，一直到西元一七二二年去世之間，書寫了至少六萬封信件，也因此公主有一個外號叫做墨水海洋（Océan d'encre），足以突顯她墨水使用量的誇張程度。

時至今日，這些信件，歷經歷史更迭，依舊幸運地在各處收藏家及博物館中保留了約莫十分之一的數量，讓後世的我們得以從信件檔案中，一窺法國宮廷的生活樂趣、愛恨情仇及暗潮洶湧的各種權力關係。

當時的法國國王路易十四很喜愛這位來自德國的弟妹，當公主的法定配偶——菲利普一世aka奧爾良公爵去世之後，遺孀通常會被送到修道院等處守寡，而路易十四卻特許了公主能在凡爾賽宮保留她的品級官階和住所城堡，以及，給予驚人的二十五萬里弗爾（Livre，約等同於今日的二億五千萬元台幣）作為生活補貼。

某日，帕拉蒂娜公主因再也難以忍受楓丹白露宮（Château de Fontainebleau）的惡臭，以及王公貴族都人人隨地便溺的惡習，在暴走之餘，寫了一封至情至性的信給她的姑姑——英格蘭國王查理一世的姪女，曾被任命為安妮女王繼位人的普法爾茨女伯爵（Sophie von der Pfalz）。偏偏普法爾茨女伯爵，是位走在時代潮流中的女子，回信中不僅認真宣揚自由拉屎的藝術；並且以實用哲學的角度說服姪女接受這自然賦予的權力。

等等，隨地便溺？自由拉屎的藝術？我們要探討的是法國宮廷貴族的生活不是嗎？

是的，讓我們還原歷史現場，在那個堪稱輝煌的君主制時代，你可能很有機會常常聽到貴族們以下的對話：

「這是什麼？」

「啊！這是那把底座有雕花的瓷盆椅子，國王的專屬座椅，下面的瓷盆專門負責接住國王獨有的『那些東西』。」

當然，不光是引領潮流的國王，身為貴族自然也需要享受這種隨處可拉的特權：

「尊敬的太太！今天攜帶的是白底鑲金邊的賽佛爾（Sèvres）瓷器。」

普法爾茨女伯爵

格里特・范・洪特霍斯特（Gerard van Honthorst），
底特律藝術學院（Detroit Institute of Arts）館藏，1641 年。

「不行，快把我用得最舒適的那個拿來啊，不然我就要直接尿在阿波羅噴泉旁邊的沙地上了！你們快鑽進來裙底幫我清潔一下！」

大家謹記著，在十七、十八世紀這個時代，是一個幾乎沒有現代廁所這種觀念的存在，容我在此就以帕拉蒂娜公主與她姑姑之間來回的兩封書信，來詮釋何為如廁的藝術。

關於楓丹白露宮的惡臭所引發之書信抱怨

帕拉蒂娜公主急件快遞給普法爾茨女伯爵的信

西元一六九四年十月九日，於楓丹白露宮

您非常幸運地能夠敞開心胸隨心所欲的隨地便溺，就如同喝醉酒的狗一般；而我跟你們不同，我必須忍住自己的便意直到夜晚到來。

我所居住的森林小屋別墅裡沒有廁所，只能不舒爽地住在其中，並且必須走到房屋外面來拉屎，這真是我的一大困擾，極度惹惱了我，我期望輕鬆自在的獨享拉屎時光，而不是得在眾目睽睽下，被人看到撩起裙子光著屁股隨地便溺！

無論是男人、女人、男孩、女孩、神父，甚至是來自瑞士的皇家僱傭兵，所有路過的人都看得到我解放的那一刻！您可以沒有痛苦的享受裸身被看到的樂趣，而我卻真誠地認為，如果沒有拉屎這回事，我在楓丹白露宮的日子便能如魚得水般的快活。

這實在令人非常痛心，我的喜悅被滿地糞便沖刷掉，多希望那個第一位發明隨地便溺很ＯＫ的人和他的後代皆被亂棍打死。

真是可惡！到底如何能讓我們在沒有糞便的地方生活呢？設想看看您與世界上最完美的伴侶同桌吃飯，但他跟您說他想要去拉屎，接著馬上離席去一旁拉屎；設想看看一位美麗的女孩，讓您心悅的女人，她跟您說想要去拉屎甚至是拉肚子！

啊！這該死的大便！我不知道還有什麼比糞便更醜陋的東西。當我們看著一位美麗的女子經過，無比可愛迷人，無比整潔芬芳，我們難道不會對自己的內心吶喊著：啊！如果她不拉屎的話該是一位多麼美麗的女子啊！

我可以諒解一位看門員、士兵、警衛、侍從隨地拉屎，但，皇帝、皇后、教皇、紅衣主教、王子、公主、大主教、將軍和牧師也都在隨地拉屎啊！

這世界即將被醜陋的人們填滿，因為最終，我們在空氣中拉屎，我們在地上拉屎，我們在海裡拉屎，整個宇宙充滿了拉屎的人！

女士啊！而楓丹白露城堡裡的屎，已經堆滿到比人還高。您以為您親吻了一位有著潔白牙齒的漂亮小姐，您其實就是在親吻一個充滿狗屎的穀倉。所有最精緻的菜餚、餅乾、餡餅、火腿、野雞、鷓鴣，其實就是為了最終拉出的那一坨屎而存在。

普法爾茨女伯爵的回信

西元一六九四年十月三十一日，於漢諾瓦（Hanovre）

關於便便這個主題的討論理應是令人愉悅的，而經由這封信，也讓人充分了解您並不理解這種樂趣，也因此您對拉屎這件事充滿了惱辱及偏見，這是您最大的不幸啊！人們千萬別因為感受到拉屎的樂趣而感到害臊，畢竟，我們可以這樣說：在大自然所給予之必須經歷的事情中，拉屎是最讓人感到愉悅的！

最美麗的女士們都有著精妙的拉屎藝術；那些不拉屎的人們會變得肌膚乾燥且瘦弱，最終變得醜陋。美麗的肌膚只能透過日常保養來維持，也因此若我們保有固定的拉屎習慣必定能讓我們永保美麗……

便便是這世界上最美麗、最實用、最令人愉快的東西，如果您不拉屎，您會感到身軀沉重，腸胃不適且心情不佳；反之，如果您好好拉屎，您將會變得輕盈、愉悅，而且有著好胃口。

您只管注重您的需求，隨心所欲的釋放，想在何處拉屎都沒有問題。不用考慮地點，大街上、巷弄中、花園裡，毫無禁忌。

我希望您現在能夠勸阻自身，不要對隨地便溺這件事產生不好的負面情緒，畢竟，現在您應該同意並了解到，有存在必有屎。

凡爾賽宮最崇高的那張公務椅

「提問！生為一介平民，會有什麼樣的機會踏入凡爾賽宮面見國王呢？」

這裡提供一個小撇步！

首先，超級有錢的的你可能喜愛研發各種生活機能小物；接著你得想辦法找到辦理法律文件的相關人士幫你去申請專利，只要你是一位因為自己發明的小東西被凡爾賽皇室看上的男子，你就有機會靠著你的專利，去面見國王！

當然，一直到成功面見國王路易十四之前，這中間的歷程可謂所費不貲，據記載，平均你可能得花費六萬到十萬埃居（Écu，法國古貨幣，約等同於四千四百萬—九千萬元台幣），就有機會被國王召見，你會看到你幻想中那位被人民仰望愛戴的太陽王路易十四，坐在一個精美的扶手椅上，等待著你，然而，你也許在一瞬間忽然聞到或是體驗到：「咦？怎麼在眾多香氛氣味中，還瀰漫著一股……糞味？」

登愣！沒錯！就是糞味！

因為，國王坐的那張看似尊爵不凡，實際上也是名家設計，用著鵝絨錦緞裝飾佐以金絲細木鑲嵌的國王扶手椅，就是一個擁有可隨時隨地提供便便功能的國王公務用椅！

因此，當一位擁有專利權的上等平民，滿懷感恩興奮榮耀之情去面見國王之時，偶而，會剛好遇到國王邊行使方便之儀邊接待來訪人客，請別驚訝，請別惶恐，請讓自己以最受寵的心來仰望國王！

畢竟，這可是最高等級的接待啊！太陽王賜給平民百姓最高的恩寵，就是讓他們進到凡爾賽宮內參與國王的便便儀式啊！

其實也是不用太擔心味道的問題，因為國王的便便椅旁邊都有一位歷經各種爭寵爭奪戰而成功上位奪得服侍國王如廁之貴族 aka 便便椅侍從，這是一個特別講究，且特別令眾朝臣豔羨的職位呢！

為什麼這樣說呢？雖然便便倚侍從的主要工作內容就是幫國王扶穩便便椅，讓便便椅不會不小心滑動，以及隨時在第一時間清理使用過後的糞桶。但！殊不知！這就是最接近國王的一個貼身職位啊！所有的私密情勢和情事，在國王便祕過程中，多少都會吐露一二，尤其是當只有便便椅侍從獨自服侍在側之時！便便椅侍從就是國王之下萬人之上的隱藏版角色呢！

根據凡爾賽宮的宮廷記錄，在路易十四時期，包含便盆與便便椅在內，最高紀

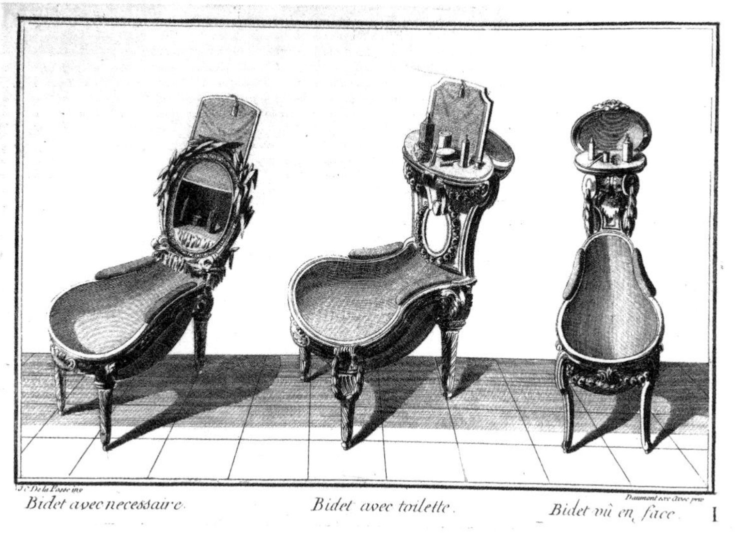

三款坐浴盆設計稿

讓·查爾斯·德拉福斯（Jean-Charles Delafosse）設計，
巴黎出版商讓·弗朗索瓦·道蒙（Jean-François Dumont）出版，1770 年。

錄總計共有二百七十四座供來往的王公貴族體驗，雖然這個數量，對於每天晃蕩在偌大凡爾賽宮裡的朝臣貴族以及夫人們來說，根本依舊是不敷使用，使得凡爾賽宮的花園角落化肥滿載，甚至連教皇都被發現曾在教堂的欄杆旁撒泡尿呢！

　　這也是為什麼上面會說到，咱們真的不用太擔心味道的問題，因為，整個凡爾賽宮在那個年代，就是個屎氣沖天，尿液橫飛的宮廷。

一起打打牌談談天的拉屎友

時序流轉，一路來到了十八世紀。

西元一七三八年十二月十八日，大文豪伏爾泰寫了一封信給他的經紀人穆瑟諾（Moussenot）：「我的屁屁很羨慕嫉妒這些家具的美，也想要擁有一個專屬屁屁的洞洞椅，最好還可以附帶大一號的備份糞桶。您可能覺得我的屁屁過於傲慢，居然敢向您寫信要求，但您想想，這個屁屁可是作為你朋友的我，我的屁屁啊!!!」

事實上，回到再更久之前的巴黎，也就是中世紀時期，是有著公廁這麼一回事的，不過，也是因為那時候的不成文習俗，造就了這十六至十八世紀大小便自由解放之風俗中的一種奇妙特性——咱們攜手一同打牌一齊拉屎。

在大約西元九、十世紀之間的中世紀修道院裡面，我們可以在現存的修道院設計圖稿中發現公共廁所的存在——一種連著好幾個糞坑一整排的廁所，還有設置在旁邊供人排隊等待的長板凳。修士有分等級，也有帶領小隊一同去便便的長者修士前輩。

我們暫且稱呼長者修士前輩為班長好了，置換到現代學校場景去思考，也就是一位剛入班級的住宿轉學生在晚上想去解決生理問題時，就會把班長叫醒，請班長陪著一起去廁所，並且同時還會有另一個同學提著油燈陪伴，這種感覺，就像是我們在學校會找同學下課十分鐘一起去上廁所同樣概念。

當然，公廁不是隨處都有，而且非常擁擠，但這已經是在意羞恥心的宗教人士才會去特別使用跟建造的場所，再不然，想解放的時候，會請旁人用帷幕布簾遮擋風光。當然，絕大部分的中世紀平民百姓，也就是個在大自然野放的分了。

接著，讓我們再次回到本章節最開頭的書信所描寫的年代，那個法蘭西王國國力最強盛最耀眼的世代。沒錯！當時是已經設有便便椅跟便桶了，但入不敷出啊！不過皇室當然也有他們最奢華的做法，一個城堡遍佈屎尿味以及水肥堆積到無法處理之時，也就是國王下令換皇宮之時！在連國王都受不了之前，就只能請居住在城堡裡的大夥兒多多擔待了。

那麼，在這個十六至十八世紀的大時代風尚，就有一種貴族夫人們喜歡處在一起私密對話，在凡爾賽宮沙龍中靠在一起親密講八卦的流行。也因此，一種方便坐很近的雙胞胎便便椅便誕生了！顧名思義，就是有兩個洞的雙人沙發便便椅，方便公主們或貴族夫人們相依坐在一起，敞開心胸，敞開下半身，暢快地談天說地，獨樂樂不如眾樂樂。

同時，公爵們也發覺這項發明，有益於打橋牌時的同隊向心力。因此，我們也會看到關於便便椅演變成橋牌桌旁的專用橋牌便椅的怪奇紀錄。

說到這裡，相信大家或多或少都有一些疑問：到底是為什麼！一定要！邊便便邊做所有日常生活的事呢！古代人的生活真的忙碌成這樣嗎！

法國淑女們的最佳知己

上面提到了各種關於拉屎的歐洲小故事，忽然想到，大家知道日本製的免治馬桶這項偉大發明之先驅是來自歐洲嗎？是否曾經看過一些照片影像，或是去法國旅遊時發現旅館廁所裡面除了馬桶之外，還多了一個長得像馬桶的傢伙呢？

這個應該被尊稱的古董品項，是被稱為 bidet 的洗屁屁浴盆。有些人說世界上第一個洗屁屁浴盆是從義大利現身的，有些人說提到 bidet，就會立刻聯想到法國。總而言之，無論洗屁屁浴盆的第一個起源來自哪兒，將其發揚光大，並且善加利用的是在路易十五時期的法國。

在那個情慾竄流的洛可可年代（Rococo），洗屁屁浴盆，或我們正名為坐浴盆的東西是個人衛生的重要助手，被暱稱為「淑女的知己」。我們不知道是誰將這件衛生相關裝置藝術創作出來的，也不知曉確切的發明年份，不過大部分人將這個發明的流傳歸功於法國。關於坐浴盆的發明者，也存在各種來源，有時會提到像是馬克·雅庫德（Marc Jacoud），以及克里斯托弗·德·華西爾（Christophe des Rosiers）等名字。

簡而言之，坐浴盆是一種可以裝水的容器，讓使用者在上完廁所後，用於清潔生殖器及肛門的衛浴設備。這個字從詞源學上源自古法語，指的是矮壯的迷你工作馬。而將 bidet 轉化成動詞後，bider 這個字的意思是「小跑步」，也就是騎著一匹小小馬的概念，如同淑女們坐在坐浴盆上面清洗的動作一般，非常地有意象是吧！

就在龐巴度侯爵夫人（Madame de Pompadour）結束與路易十五的戀情離開凡爾賽宮之際，書市上同時也出版了一本聊八卦的書《龐巴度夫人的開銷》（*A quelle somme s'élèvent les dépenses de madame de Pompadour pendant tout son règne*，目前現存版本為西元一八六四年由凡爾賽宮圖書館〔bibliothèques de Versailles〕館長，所搜集而成的著作），其中也提到了當時最有權力最尊貴的女子之洗屁屁浴盆珍藏：她擁有一個最是精緻的坐浴盆，是一件高八十二公分、長四十九公分、寬三十公分的精美私人家具，整件由山毛櫸木雕刻製成，同時有著由工匠所打造之黃銅鍍金鉸鏈裝置上蓋，座椅靠背刻著海神波賽冬（Poseidon）為了保護他的妻子——海洋女神安菲特里忒（Amphitrite）免受暴風雨侵襲的神話作品。

這個與性、衛生、隱私相關的坐浴盆有很多小故事，而這些故事的歷史最早可追溯到十八世紀初期。目前所知，歷史上首次書面提及坐浴盆 bidet 這個字詞是在西元一七一〇年，那位還是個青春小伙子，在三十四年後將成為路易十五外交大臣的阿讓森侯爵二世（René-Louis de Voyer de Paulmy, Marquis d'Argenson）記錄著那一日的情景：他描述著他很高興在貴族普里侯爵夫人（Jeanne Agnès Berthelot de Pléneuf, marquise de Prie）坐在她的坐浴盆上時被授予謁見。

噢！等等！授予謁見？（揉眼）

是的，沒錯，就跟你知我知大家都知的太陽王路易十四一樣，這位侯爵夫人正是坐在她的 bidet 小馬上接見年輕貴客呢！

私密的廁所時光／凋零的玫瑰

路易－利奧波德．布瓦伊（Louis-Léopold Boilly），私人收藏，18 世紀末。

倘若穿越到十八世紀的巴黎，但一時之間憋不住時

當我們對從太陽王路易十四所引領的時尚巴黎生活感興趣時，我們通常不會想到那個最微不足道但每天都會需要面對的問題，也就是，在十八或十九世紀，當一個首都巴黎市民在閒逛香榭麗舍大道的時候突然非常極度想拉肚子，該如何是好呢？

為了回答這一個彷彿很簡單但又一時好像想不出答案的問題，一位生活於十八世紀中葉的首都巴黎日常生活觀察家路易—塞巴斯蒂安．梅西耶（Louis-Sébastien Mercier）為我們提供了各種關於日常的答案。

先跟大家說明一件特別殘酷的事，雖然說從中世紀以來的各種宮廷建築紀錄，有些時期可以看到特別建造的公共如廁場地，甚至到路易十四執政末期，凡爾賽宮還放置了幾百張便便椅供大臣們使用，但那到底是在金字塔頂端的浮誇建案才會有機會擁有的頂級設備，一般普通平民，如農民或市民是沒有這種公廁概念的。

也就是說同樣地，在十八世紀的巴黎市區內並沒有公共廁所這種設施的存在，如果路人忽然有一個無法自主控制的拉屎衝動，他幾乎沒有地方可以解決：除非你急敲路上別人家的大門，商借他們家中的個人廁所，要嘛就在街角旁揮灑創意即興

發揮。在梅西耶於西元一七八三年發表的著作《巴黎景象》（*Tableau de Paris*）一書中，他便列出了前幾大最受歡迎之適合解放的戶外休閒場所：例如位於羅浮宮與協和廣場之間的杜樂麗花園那一排紫杉樹籬旁，又或者在那個位於巴黎皇家宮殿東北方，有著路易十四帥氣宏偉騎馬雕像之勝利廣場（Place des Victoires）的角落，以及塞納河碼頭邊的石板路上等等。

想當然爾，伴隨著解放身心污穢物之行為而來的，就是令眾人最厭惡的惡臭味了！身為香水大國的法國，有一大部分原因會成為製香王者之國，就是為了能掩蓋這到處隨地大小便的氣味。雖然不太理解製作公廁跟研發各式各樣不同品項的高級香水到底哪一個比較符合基本邏輯？不過，想必當時的法國皇室政府跟百姓皆認為，使用香水這個觀念比較正確。

同場加映

醫師

在古希臘羅馬時代，有一個自產於人體的好東西，據說是最有效的去污劑，也可用來當作漱口水保持牙齒美白衛生，羅馬女人甚至用其來保養她們的臉蛋。

到了中世紀時期，這個東西據說更可以用來治療痔瘡、燒傷、肛門感染，或是在您被蠍子叮咬之後的消腫用途；當然，一切的前提是它必須是新鮮且來源是健康的。

它是什麼？它，是我們每個人類每天都會排放出的液體——尿液。

有一位西元十一世紀的醫生烏爾里希．平德（Ulrich Pinder），耗費心思，努力研究和實驗，最終歸納出這個尿輪圖表，透過對病患尿液的「望」、「聞」、「問」、「嚐」，總結出二十種尿液顏色與相對應的身體疾病狀態。

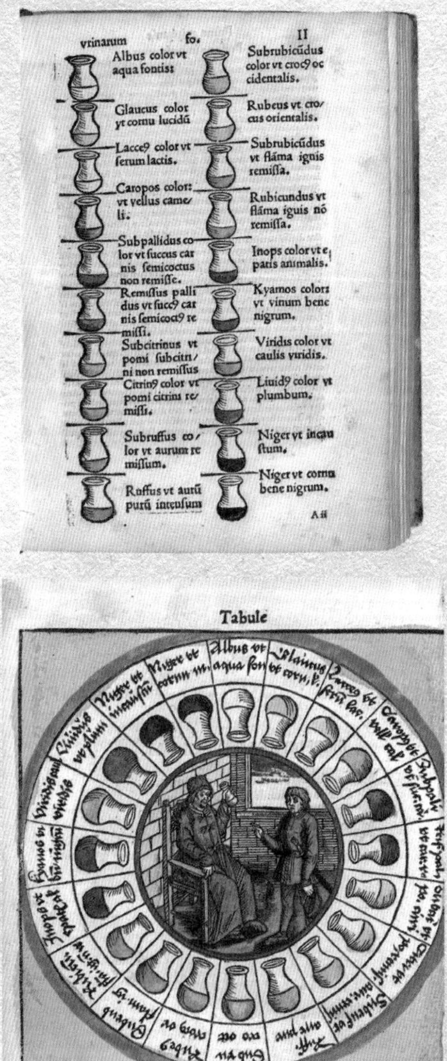

尿輪與尿色列表

烏爾里希．平德，由德國紐倫堡出版商弗里德里希．佩普斯（Friedrich Peypus）出版，1506 年。

同場加映

調香師

貝爾納．皮卡爾（Bernard Picart），一位出生於十七世紀的法國雕刻家兼版畫家，他對後世最有貢獻的著作，也是在當時史無前例的著作是《世界各國宗教儀式與習俗》（*Cérémonies et coutumes religieuses de tous les peuples du monde*），此書搭配他的雕刻版畫作品，以壯闊的場景搭配人物進行的儀式性典禮為主軸，記錄下他所訪查採訪的各地風俗，採錄世界各地各種宗教儀式和信仰，並且盡可能地以客觀視角真實呈現。

時間就這樣度過了三百年，來到了現代，他最吸引人目光的，也許是這幅便便畫。畫中無比寫實的描繪出「啊！走路走到一半忽然想拉屎的時候該怎麼辦!!!當然就只能就地掩埋，不，是就地解決了啊～」的場景。

我們可以仔細觀察這幅畫，一位頭戴羽毛的男子蹲在地上，褲子脫到一半，怕避免沾到什麼般的一手將上衣掀起，眼睛看著鏡頭（到底哪來的鏡頭！），屁屁正下方的泥土地上有著一坨巧克力霜淇淋狀的新鮮便便，圖上方有著Le Parfumeur（調香師，製作香水的人）的字樣。

是的，這幅便便畫被命名為「調香師」，至於其箇中含義，就待大家細細品味了。

#三百年前就有人畫霜淇淋便便

調香師

貝爾納・皮卡爾，私人收藏，17 世紀。

邊裸浴邊吃飯的中世紀貴族育樂

大家常常有個刻板印象，那就是歐洲人不太愛洗澡，或是說法國為何會是個香水大國的原因就是因為他們不愛洗澡，同時為了遮掩體味，因而成就了香水時尚產業。我們從上一個章節的最後一段已經可以找出一些答案。

那麼，太陽王路易十四真的如同傳說中一輩子只洗一次澡嗎？

當然不可能。

雖然他所處的那個時代還是只有類似休閒娛樂場所的公共三溫暖洗浴場，並沒有家中浴室的概念，不過咱們路易十四可是一位曾歷經征戰大場面，還特別喜歡跳到塞納河暢快享受河浴的國王呢！

當然，在當時的醫療文化背景之下，人們普遍還是有著對於水的無知懼怕，皇室醫生說了觸碰到肌膚的水會擴張毛細孔，有可能使病菌入侵體內，造成器官感染，然後就會散播傳染病，也因此當時的皇室貴族們也就不那麼經常洗澡。每一天，清洗僅限於手臉的清潔，頂多是去泡泡有著醫生開設處方的天然溫泉浴池，或是偶爾遵從醫囑浸泡在含有洋甘菊、迷迭香、橙皮或月桂葉的熱水盆裡。

只要你顯露在外給眾人看到的臉跟手是整潔無瑕的，頭頂上有著梳理起來超有型的假髮，香噴噴（超級濃厚型香水）的味道，以及清爽的好口氣（也因此他們刷牙的頻率跟現代人的我們差不多），那就已經表示你是一個特別愛乾淨的傢伙！反而在當時，平民百姓因為一天換不了五六件乾淨的襯衫跟外衣，比上層階級的貴族們還常沐浴呢！

那更古老之前的中世紀時期呢？他們其實比十七、十八世紀的歐洲人更常洗澡，在領主城堡裡的房間，肯定有著浴缸，說不定還放了好幾個，這又是爲什麼呢？不是說到了路易十四時期都還沒有家庭私人浴室的概念嗎？就讓我們繼續看下去——

大家知道曾經有一個歐洲貴族生活禮俗習慣是一邊裸浴泡湯一邊吃飯嗎？

以下是一個從古希臘羅馬時期開始的不成文公共浴池正確使用方式：公共浴池三溫暖不僅僅是為了清潔衛生，同樣更是娛樂／歡愉的場所，男人們和女人們在可以容納幾個人的大水桶中裸身沐浴，混浴著一起洗刷刷～

直到西元開始，天主教認為以上這些行為是不道德的，並將裸體與原罪連結在一起，也因此古代浴場在中世紀初期被譴責為放蕩的地方，並且由於西羅馬帝國的衰落導致公共浴場的沒落，政府不再負責維護。

羅馬公共浴場文化就從那時候起一直被致力於根除任何希臘羅馬文化表現形式的天主教宗教力量所憎恨及阻擋，不過從中世紀中期，大約十二世紀開始，這種泡澡的生活藝術再次經歷了某種形式的復興。

而其原因竟然是，當中古封建時代的主事者們看到入侵人類的傳染病並沒有因為阻止浴場文化而消退，同時從十字軍東征回來的英勇騎士們在前往聖地的途中發現了土耳其浴室的好，這些行動派的愛上帝征戰騎士與主張身心分離的苦行僧主義開始有了不同的思想道路。

人們渴望結合實用與愉悅，將洗滌身體與療癒身心結合，並且這種精神與中世紀宮廷愛情詩歌所傳送的特有英勇精神一致，浴池就默默地在中世紀社會中重新嶄獲了重要地位。

大家可以在這個現在的我們看起來神祕無比的空間，像是個有前院的客廳空間，洗澡、除毛、剃鬍、按摩，也可以很舒適地吃一頓飯。那個時候的蒸鍋，普通用法就如同地暖的功能一樣，會放在桌子之下或木板上讓室內溫暖又不至於太過乾燥，進階用法則是讓水上運動後（誤）的男男女女可以在下榻時喝點溫熱水。

床，則是被安置成可以「休息」的用途，如果在場人士都可以接受，也可以加時「休息」時間。

這些三溫暖烤箱在重新興起的二百年之後，由於西元一三四八年入侵法國的黑死病鼠疫大行其道而再次被禁止使用，就如同前面所提到，因為人們當時認為這種可怕的傳染病是經由水而傳播的，一直到十九世紀末，發現了跳蚤是傳播鼠疫的起源，這個關於水的錯誤認知才被解除。

接續邊裸浴邊吃飯的話題，從十二世紀初開始，包括醫學論文、草藥紀錄、世俗小說（編按：指日常生活故事，風土名情的故事內容。例如：維克多．雨果的悲慘世界〔*Les Misérables*〕）、皇家的帳目以及手稿的插圖等無數資料來源，向我們揭示了水是生活樂趣的一部分。

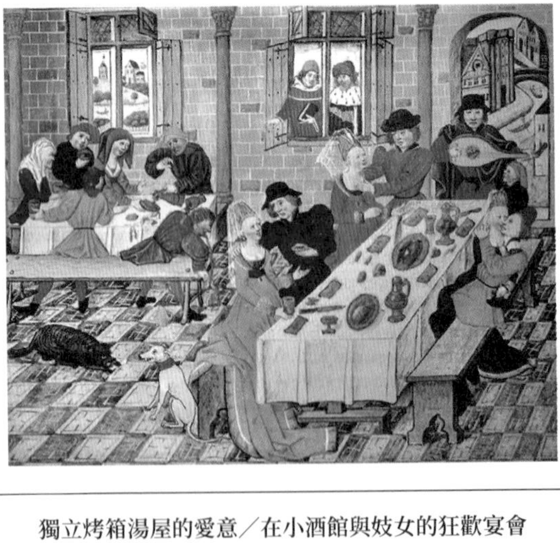

獨立烤箱湯屋的愛意／在小酒館與妓女的狂歡宴會

瓦萊爾．馬克西姆（Valerius Maxime）手稿，

《令人難忘的事實和諺語》（*Emlékezetre méltó tettek és mondások kilenc könyve*），

法國國家圖書館館藏（Bibliothèque nationale de France），1455 年。

公共澡堂的樂趣
柏林國家博物館館藏，1470 年。

專門來浴池的貴客大人們使用烤箱溫熱身子，水桶中的普通冷水用來保持身體健康，而熱水浴才能驅除藏在肉體中的污垢垃圾，順便食補一下也是剛剛好。

男人和女人赤身裸體地沐浴，但頭髮都已經打理得很漂亮。這些溫熱木桶是根據酒桶模型設計，木製浴缸內緣襯有亞麻布，以防止碎裂，並能夠過濾水從這組客人的木桶中到另一組客人的木桶裡。有些酒桶形浴盆上頭還會有一個可以延緩熱能流失的織物頂篷，特別歡迎情侶入內用餐，飽餐一頓之後，也可以自行去尋找空房間休憩一下。當然，還有更寬敞的客房可容納團體客人，並且還可以選擇戶外露天看台上進行蒸氣浴。

其實，與後世歐洲文藝復興之後及法國皇室時尚盛行歐洲的時期不同，據記載中世紀的人們經常洗衣服，洗衣服讓人既乾淨又快樂；成千上萬的手稿描述了兒童每天要洗好幾次澡，成年人之間相互裸露身體是不存在任何惡意的。

那麼，就讓我們解放感官的自由吧！約在三溫暖聚個會吧！

雞雞來源考證史

從古至今，非常顯而易見，我們在畫作上常見有各式主題的裸身女子呈現其中，而男子們的裸體呢？在歐洲古典繪畫中彷彿很罕見有這樣的主題。

有件事是這樣的，身為現代人的我們從各式資訊來源中所獲取的情色印象，讓人很容易忽略了陰莖的正常狀態是什麼樣貌，在這裡，我們就來談談藝術史中的雞雞們！

最早的雞雞特寫我們可以追溯至西元前，而最知名的雞雞藝術年代我們可以從古希臘時期說起。在巴黎羅浮宮裡遍佈的希臘雕像導覽中，我們就可以知道對古希臘人而言，美男子雕像的身體是根據當時哲學思想家們神聖完美的理想來展現，比例始終保持在一種平衡，一種所謂的黃金比例。

假使身為一位男孩，你被稱讚像希臘雕像一樣美麗時，嗯，沒問題的，你可以

波留克列特斯（Polyclitus）像
紐約大都會藝術博物館
（弗萊徹基金會）館藏，
69–96 年。

羊男薩提爾（Satyrus）
希臘雅典考古博物館館藏，
西元前 540–530 年。

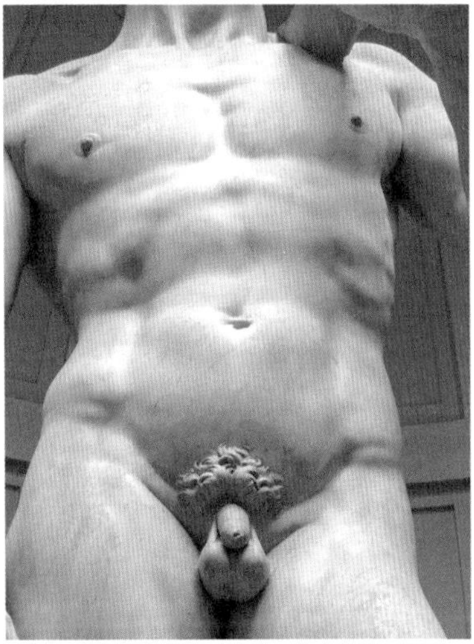

大衛像
米開朗基羅，義大利佛羅倫斯美術學院
（Accademia delle Belle Arti di Firenze）館藏，
1501–1504 年。

感到特別驕傲，只是呢，這些雕像的性別特徵，總是垂下來的，非常非常小。

因為，這些雕塑代表了一種理想，所謂呈現出那種身心靈的完美平衡，如同古奧林匹克運動會裡那些德智體群美合一的雅典運動員們。這種藝術創作上的慣性，平衡了與古希臘公民習性相反，那個對當代的我們來說，對性特別開放，特別一視同仁，也沒有什麼性之禁忌的時期。

當然，在元老院的社會階層中，眾人互相監督著對方政敵的慣性，也使得美男子雕像的提示更代表了身為一個男人必須把持好自己的衝動，尤其是當他以扮演一個社會和政治要角為人生準則，必然就得在眾人面前將雞雞垂好，保持德智體群美兼具的神聖理想狀態。

那麼在古典雕像中依然可以賞析到不同的大雞雞跟小雞雞，又是有什麼典故緣由呢，以下會以問答形式讓大家觸類旁通一下……

Q：請問大雞雞跟小雞雞的定義？

A：p.79 右上角圖是忍者龜之一的米開朗基羅之傑作——大衛像。大衛，身為

《聖經》中的猶太英雄，外貌俊美，有著完美翹臀和八塊腹肌，除了雞雞很小以外，無論從任何角度欣賞都是完美陽剛英雄的代表。

Q：等等，雞雞很小？

A：是的，請將視線放回 p.79 右上角的圖，這個大衛像的雞雞比例，據說比一般歐洲人小很多，所以在藝術史中我們將其定義為雞雞很小。而歷史上，有關於各種傳說英雄的雕像，無論是大理石或青銅雕像，從西元前到文藝復興甚至是到二十世紀，只要是描述英雄角色的人物，他們的雞雞都很小。

Q：為什麼!?為什麼是個英雄就必得有雞雞小的原罪!?難不成古希臘羅馬人的雞雞比現代人小嗎？

A：咳，從人類進化歷程來說，古人的雞雞並沒有比較小。要解釋這些英雄雕像先生們的小雞雞原罪，簡單一句話來說明——英雄雕像們以最理想化的姿態形象表達其時代的美麗典範。

Q：所以……雞雞小才是美男子的象徵！

A：讓在下翻翻巴黎的古希臘性學，巴黎第一大學古典考古學教授佛拉維安（Flavien Villard）的訪談：「在希臘文明中，人們熱愛裸體，又熱愛運動，因此裸體訓練，裸體比賽，將肉身包括雞雞暴露在大眾眼前，才得以表達出展現男性身體全部力量的意義。」

因此，這些英雄雕像的身體姿態都被理想化，就好比裝了相機濾鏡App。所以，我們在大衛像這個雕像作品中可以觀察到超越極限的腹肌，以及比一般人類少的肋骨。

雕像們代表的是理想而非真實的身體，而雞雞故意小於平均水準和非挺立狀態，是因為小雞雞是當時美學理想的重要組成部分。

Q：難不成！大雞雞在古希臘時代不受推崇嗎！？

A：嗯……咱們現在先不討論現實生活中古希臘男子和女子的看法。回歸藝術史，在當時的政治正確中，在希臘文明裡，男人必須理性，聰明，可自我控制，能夠克服自己的動物性，而雞雞就是你這理性男人能夠凌駕於慾望的顯性表徵！

所以雄偉挺立的大雞雞被看作性慾操控大腦的標誌，無法自控性衝動的表現。反之，安靜的小雞雞是能夠理性控制自我情緒和衝動之展現，擁有永不勃起（誤）的小雞雞才是一個真正文明理性的有智慧上等人，才有能力為城邦貢獻一己之力。

也因此英雄雕像們，理所當然的都是毛修得好好的小雞雞囉！

生育之神普里阿普斯（Priapus）
龐貝城濕壁畫，西元 79 年前。

Q：天啊天啊好嚴肅的理性時代，好哀傷的永不勃起！那麼，既然如此為什麼還要創作有大雞雞的人物呢？（而且超級大！）

A：咳（推眼鏡），這裡有幾個名字咱們可以記一下——酒神戴歐尼修斯（Dionysos）、羊男薩提爾（Satyrus）、巨根男神普里阿普斯（Priapus）和牧神潘（Pan）。酒神教了古希臘人種植葡萄樹，釀造葡萄酒，卻沒有告知人們狂飲之後，會產生狂歡和宣洩，總之就是一旦你喝酒亂性了可以怪罪的神明。

羊男是酒神的隨從，是酒神跟有著山羊角與山羊腿的牧神基因混搭出來的精靈，簡而言之，就是一群生命在狂歡喝酒淫亂中度過，個性貪婪懶惰好色的半獸人。所以，只要看到有著大雞雞山羊腿的雕像就是羊男們。

巨根男神　普里阿普斯（挪抬），是酒神的兒子，乃生育之神，個人認為他是史上最辛苦的男神之一，因為這位先生會永生永世一直勃起。到底有多可憐，就是怎樣都遮不住自己的大雞雞，偏偏還很愛穿衣服的一位神祇。

與理性英雄人物相對，希臘神話中會被創作成雕像繪畫的大雞雞男人只會有羊男精靈薩提爾族群和巨根生育神普里阿普斯，僅此而已，極度稀有，敬請把握各種觀賞機會。

綜觀古今中外的罕見樹種——雞雞樹

某一天，歷史學家們從珍貴的手抄本詩集中，發現了一幅插圖。

這本手抄本詩集名為《玫瑰傳奇》（*Le Roman de la Rose*），內容是十三世紀時的詩人運用八音節體（octosyllable）所創作出的中世紀古法語詩歌，乃歐洲中世紀最重要也最有影響力的出版品，其中講述的主題為愛情寓言詩，目前已知歷史上曾有三百多個版本出版，現存於法國約一百多種版本。

我們得先知道，在西元一四五〇年左右古騰堡（Gutenberg）發明歐洲印刷術之前，每一本羊皮紙手稿，皆是手繪並精心製作的獨一無二版本。

雞雞樹插圖的繪圖作者，事實上是一位名叫珍妮的巴黎女性，珍妮的先生理查．德．蒙巴斯頓（Richard de Montbaston）據記載是一位在十四世

雞雞樹收成中
吉拉姆．德．洛里斯（Guillaume de Lorris）的手稿《玫瑰傳奇》，法國國家圖書館館藏，14 世紀。

紀下半葉很有名望的手抄本抄寫員，並且可能已宣誓就職成為書商，也因此有權利將繪圖的機會給予他的太太。

珍妮主要是在工作室專門幫忙宗教性質的泥金裝飾手抄本繪圖製作，譬如裝飾性的處理字首字母和精緻邊框與紋章或宗教徽記繪製。

而有一天，不知為什麼，珍妮就繪製出了如此具有劃時代意義，那個有著雞雞樹的版本。

「嗯，你們用雞雞才能說故事是吧，看看我這邊要多少有多少呢！」

by 寄居在《玫瑰傳奇》那本浪漫愛情詩集中的小修女。

托斯卡尼豔陽下——世界上唯一已知現存的雞雞樹壁畫

時序來到了西元一九九九年，技師專家們正在義大利托斯卡尼的馬薩馬里蒂馬（Massa Marittima）修復一個名為「豐盛之泉」的中世紀公共場所（公民的集會打屁

雞雞樹濕壁畫與特寫

義大利托斯卡尼，馬薩馬里蒂馬噴泉遺跡，1265 年。

區），其中發現了一面隱藏在粉刷外層後方的壁畫。

在那托斯卡尼豔陽下，我們發現了世界上唯一已知現存的雞雞樹壁畫。這幅大型壁畫描繪了一棵生機盎然的大樹，枝葉茂密，果實纍纍；九名婦女以不同的姿態站立勞動著，大大的黑鳥在上方盤旋，彷彿想要去偷果實。

距今二十多年前，人們發現這個隱藏在西元一二六五年的噴泉古蹟後方的壁畫的反應，是可想而知的震撼。

有些研究者認為這是一種情色的表現，從雞雞樹看出情色的學者認為這是一種噴泉所代表的鏡像反射象徵；更有甚者，認為這整個大型遺址就只是一個古代的雜交色情營地，不需要再花費納稅人的錢去維護，不需太過重視；另一派則認為水賦予生命，陽具也賦予生命，因此雞雞樹就是描繪水賦予生命特性既獨特且趣味的表現手法！

事實上，它幾乎不可能是代表生育的象徵；我們從史料中可得知，壁畫是一種政治寓言，也就是所謂古羅馬資訊戰的重點交鋒欄位，而位於公共噴泉中的壁畫，更是搏版面的中心位置，因為市民們都需從中取水供日常使用。

那麼，在這裡就留給你我思考的空間，這幅目前世界唯一僅存的雞雞樹壁畫有可能代表了什麼呢？

地獄警示圖之惡魔的小雞雞

華人世界裡的小朋友都有十八層地獄這個概念，裡面會有殘忍的脫光光火刑、獄卒小鬼拔舌頭、被插在刀山上、炸油鍋等等殘暴無比的故事。

無獨有偶，歐洲世界也有地獄的概念，連行刑場景都大同小異。

法國有一本十五世紀的精美手抄本中，正記載著惡魔老大在地獄中給予下地獄的人類的最終審判和懲罰酷刑。

那麼煞氣a惡魔老大╳西方的閻羅王到底長什麼樣呢？就是如p.90圖中這樣的威風凜凜呢！

我們在其中可以看到天堂的指揮官耶穌，與地獄的代言人惡魔在互相尬場。

根據此手抄本記載，上帝審判之後，惡魔老大會指引作惡的人與行刑者魔鬼們，一起在地獄的入口排隊站好，等著被地獄大口吃進去，惡魔老大表示大家有好好排

救世者的葡萄園之書
（惡魔系列）
法國格勒諾布爾市立圖書館
（Bibliothèques municipales de Grenoble）館藏（原自格勒諾布爾的多米尼加修道院），1463 年。

隊很滿意。

惡人首先受到了冰與火之歌的懲罰，冷熱交替的冰火五重天。

暴力派的惡人受到了魔鬼行刑人的刑罰，惡魔正在使盡全力戳刺因暴力犯罪而下地獄的罪人。

生前為一國暴君，以及幫助暴君的殺人兇手們，則是被魔鬼行刑者灌食熔化滾燙的金屬，貫穿他們的喉嚨食道。

小偷被吊掛著，讓永不熄滅之大火無止盡地焚燒。

覺得自己永遠正確，永遠高人一等且自傲的惡人被處以車輪之刑，讓惡人再也無法抬頭挺胸理直氣壯。

被燒成大鍋煮的罪人，包括對世人懷有惡意的教皇、國王、樞機主教等在人世間位高權重的壞蛋，以及那些違反法律誡命的罪人在烤箱裡燒烤著。

同場加映

TikTok雞劇場

第一幕

登登　登愣登～

克羅諾斯（Cronus，豐收之神）：「爸爸您肚子餓也不能吃自己的小孩啊啊啊!!!」

烏拉諾斯（Uranus，天空之神）：（嚼嚼嚼）

克羅諾斯：「啊啊啊爸爸對不起!!我只能替天行道了!!!」（剁）

烏拉諾斯：（持續咔滋咔滋）

克羅諾斯：（手持噴血雞雞）「看樣子只能把它扔到海中遠離爸爸，才能讓爸爸喪失力量了！」

沒想到，當巨雞被丟入海裡的那一刻，大海居然被巨雞的力量捲起了浪花，過沒多久，一位美麗無瑕的女子被幻化了出來。

維納斯的誕生真實版

安提圖斯．富爾（Antitus Faure，勃艮第公爵和薩沃伊公爵的牧師），
瑞士沃州勒南附近沙瓦訥，國家檔案館（Chavannes-près-Renens, Vaud）館藏，1501 年。

阿芙柔黛蒂（Aphrodite，愛情女神）：「咦？我誕生了嗎？咦咦咦？克羅諾斯哥哥啊（對著岸上吶喊貌），您丟了什麼到海中讓我誕生的!?」

#一個女神誕生的故事

#父子權力爭奪戰

叼雞雞的貓

荷蘭國家博物館（Rijksmuseum）館藏，1555 年。

第二幕

西元一五五五年，歐洲某修道院的小修女：「小喵呀！姊姊拿這條肥美剛入港的秋季好魚跟你換那個好嗎好嗎～」

#那個是什麼

#上帝日不可說

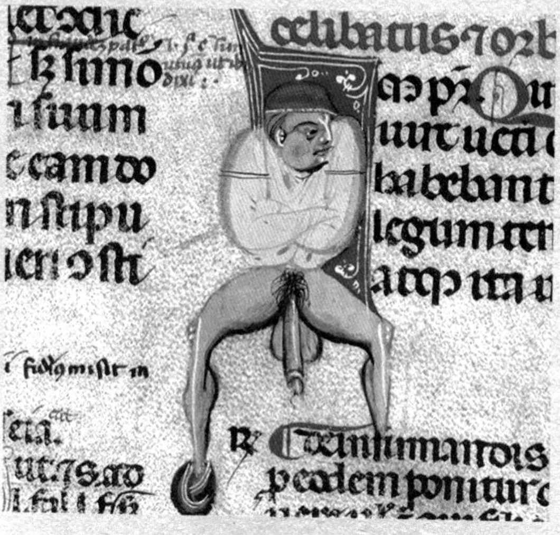

12 世紀出版的法律教科書
德國達姆施塔特工業大學圖書館（Technische Universität Darmstadt）館藏，13 世紀。

第三幕

勤奮的研究生：「啊~今天變冷了~來找出我那件最喜愛的，能展現年輕活力的淺粉色針織衫吧！」

（法律人是不是壓力都很大？）

#十四世紀版本的插圖
#讓人在研讀法條的同時看著插圖放鬆心情這樣

第四幕

古巨雞生病惹！

咳，咱們這一幕會嚴肅一點，要來探討一些中世紀醫學上的迷思。

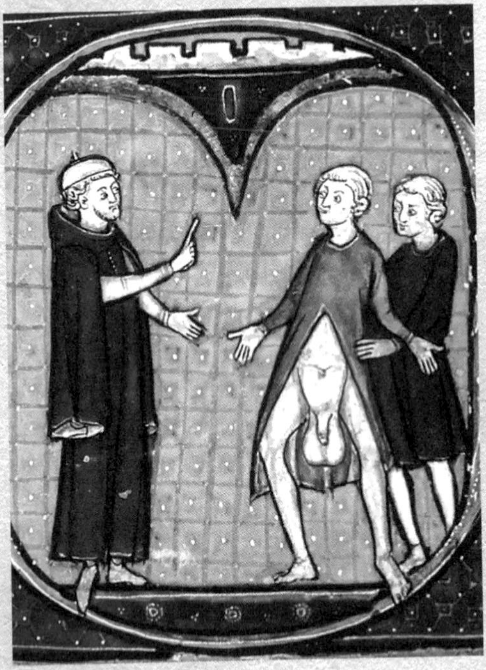

疝氣的男子

貝桑松（Besançon）紅衣主教安托萬・德・格朗維爾的收錄，
阿維森納（Avicenna）著，
醫典（*The Canon of Medicinae*），
法國國家圖書館館藏，13 世紀。

據記載，英國亨利四世的父親蓋特（John of Gaunt）由於臥房常有各種不同女人頻繁地「進進出出」，因此最終因某重要部位的腐爛而離世。

那麼，在中世紀醫學上以冷熱乾濕體液學說為主流的時期，若女性膚色較白皙，屬寒性，意味著痲瘋病人的精液將較有機會留在婦女的子宮中，在那裡它將變成腐爛的蒸氣。

當其它健康男人的雞雞接觸到該蒸氣時，其身體的熱量會快速地將蒸氣由雞雞開放的毛細孔吸收，接著膿瘡很快就會出現在他的生殖器上，然後在身體上蔓延。

也因此，西元一三一四年的醫學手抄本中有記載著：「如果您想保護自己的雞雞避免受傷害，同時您懷疑伴侶的內部已經腐敗，請在退出後立即用混合醋的冷水或尿液淨化自己，永保潔淨。」

當然也有某位修士男子，因為去嫖妓後產生一些不妙的症狀，太害怕自己的雞雞被污染，發誓再也不跟女人睡覺，從此只跟男人一同使用自己的雞雞這樣。

#無論是哪兒請都要保持潔淨噢！

#勤洗手多消毒保安康

第五幕

場景：後方樹旁的人們窸窸窣窣的制止著紅帽男孩。

希臘神話場景：阿格狄斯提斯與阿提斯

荷蘭海牙，梅爾曼諾博物館（Museum Meermanno）館藏，15 世紀。

紅帽男孩阿提斯（Attis，農業之神）：「阿格狄斯提斯……我……我……」（手持利刃ing）

苦瓜帽女孩阿格狄斯提斯（Agdistis，同時擁有男性和女性性器官的雙性神）：「啊啊~你是我剁掉的雞雞長出的杏仁樹果實中生出來的啊…… 雖然你如此帥氣美貌……（扭捏狀）…… 我雌雄同體你會不會介意（害羞貌）？」

紅帽男孩阿提斯：「我……我喜歡妳!!!」（剁）

THE END

#亂倫母湯

#中世紀愛情故事都很重鹹

#世界上第一個有記載的雙性人神話故事角色

#阿格狄斯提斯心理女生理男兼女

III 男子奮鬥篇

——娶個老婆提升階級地位可行嗎？

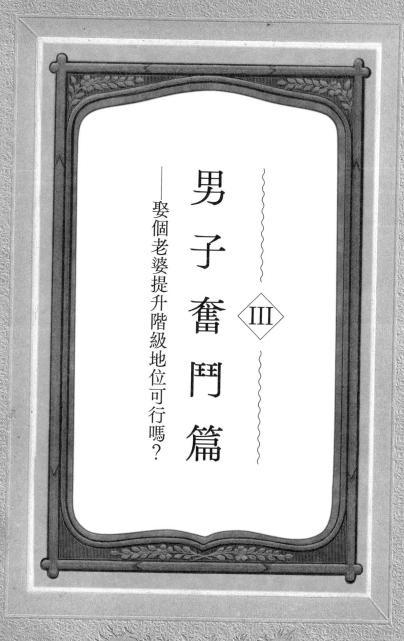

萬事不離金錢萬能

人類的歷史來到了十九世紀的近現代，歷經了啟蒙運動、大航海時代以及科學革命，爾後又吹響了工業革命的號角，意味著人們的生活開始過得越來越好，尤其是那些生活在法國時尚之都巴黎的人們，這是那個在沒過多久的十九世紀末即將被稱為「美好年代（Belle Époque）」的世代。

同時，加上醫學進步和交通工具之發展，人們可以更好的照顧自己，並且開始有能力較為輕鬆地四處旅行，當然，這一切，依舊都得奠基在「老子有錢」這件事上。

那麼本篇章節，我們就是要來稍微地揭開一些些那個時代，地位介於技職工匠與小商人之間的某族群——蜂擁上巴黎求學之各外省才華洋溢青年學子，他們最真實的內心戲。

首先，我們先來思量一下，距今二百年，十九世紀的時尚之都，巴黎一年生活費標準值為何：

在這裡我們先去思考咱們最為熟悉的巴黎布爾喬亞階級生活景象。首先，先定義什麼是布爾喬亞階級呢？

其一，女人不以工作為生，無論是在家庭之外還是在家庭內部。譬如說，那些幫忙工匠丈夫做一點財務工作的工匠妻子之家庭，就不屬於有資產的布爾喬亞階級。

通常，布爾喬亞階級家庭裡的各種繁雜事項會由至少一名特別聘用的管家提供服務。不過呢，在小型資產階級的家庭生活方式和有能力僱傭十個或更多僕人的別墅主人之生活型態之間，當然還是存在著天壤之別。總而言之，布爾喬亞階級家庭中，一般來說至少會有三個僕人配置：廚師、女僕和馬車夫。

布爾喬亞階級通常生活得很輕鬆，在這個階級之間還是有分方才提到的兩個不同階層，大資產階級佔著主導地位，收入最高，由銀行家、大商人、實業家、高級官員及資本家組成。他們住在美麗的街區，有許多僕人，以及各種用來把錢花出去的社交活動。

中小資產階級則是由商人、律師、醫生、僱員和教師組成。他們並不都是那麼富有的，但相較於工匠或工人的生活那就完全又是不同的世界。

所以，在這個關於十九世紀巴黎男人資產階級奮鬥史這一章節中的主角，也就是那些從各省來到巴黎念大學的有為青年 aka 窮學生們，大部分的目標就是朝著有朝一日能升等成布爾喬亞階級而在巴黎奮鬥。

以下用最簡單的數字來說明，十九世紀中葉法國人全年平均所得，折合今日台幣，依照行業別分類——

小賣店／自營業：三千八百三十法郎＝一百一十五萬元台幣
裁縫店：三千二百七十法郎＝九十八萬元台幣
最低職等公務員（官吏）：一千二百法郎＝三十六萬元台幣
體力勞動者（工人）：八百五十法郎＝二十五．五萬元台幣
拾荒者：六百五十法郎＝十九．五萬元台幣

每日經常性薪資結算——

非農作物收穫期的農業短工：一．七〇法郎＝五百一十元台幣
泥瓦匠：二．三〇法郎＝六百九十元台幣
木匠、鐵匠、車輪工匠：二．五〇法郎＝七百五十元台幣
鎖匠：三．〇〇法郎＝九百元台幣

那麼，那群留學巴黎的青年學子們呢？

在西元一八五二年由埃德蒙．塔克西埃（Edmond Texier）所著作的《巴黎景色》（*Tableau de Paris*）一書中描繪了十九世紀中葉之巴黎學生群像：

「學生們一年約收到一千二百至一千五百法郎的生活費，在拉丁區三個最響亮的廉價大眾食堂中享用一客八十生丁（十六蘇）到一百二十五生丁（二十五蘇）的晚餐。」

先讓大夥兒有些數字上的概念，若換算成我們所熟悉的幣值，這些

註解：古今跨國匯率換算
一法郎＝ 300 元台幣　一蘇 ＝ 15 元台幣　一埃居＝900 元台幣　一路易＝6000 元台幣

青年學子們每年約使用台幣三十六萬到四十五萬元的生活費，一餐學生食堂的晚餐是台幣二百四十至三百七十五元。這樣聽起來好像也是過得滿有餘裕的對吧？一年三百六十五天，若刻苦一點，一天吃只吃一餐，晚餐花費三百五十元好了，也才使用了台幣十二萬六千元為一年的伙食費，嗯？伙食費只用上生活費的三分之一，聽起來還可以？

不不不！還有著各種當時代的支出開銷呢！例如水電費，也就是蠟燭與柴火的支出、房租、房屋清潔費、洗衣費、上咖啡館的費用等等日常生活所需等著您去繳清啊！

生丁（centesimus）計算錢幣單位，分的法語：蘇，sol，又稱「索爾」、「蘇爾」，或譯「盾」。

埃居稱大埃居（Gros Ecu）。路易十三於西元一六四一年將埃居改為用銀鑄幣，這種埃居稱為小埃居（Petit Ecu）。

西裝筆挺的帥氣代價

二十歲，帶著二百法郎、手拿一把雨傘和一顆悸動年輕的心從皇家郵政馬車走下來——以上這些都是完美幸福的要素！——這種特別的幸福感是那些來自外省高中，即將在巴黎度過三年的學生所獨有。

——路易．懷爾特（Louis Huart），《學生生理學》（*Physiologie de l'Etudiant*，1841）

當住在中南法外省的學子們，搭乘著公共馬車晃呀晃著的準備進入巴黎市時，那天，也許是個積雪尚未化開的二月底，寒冬的尾巴。

馬車再過沒多久聽說就會駛進石板路上，在灰暗的天空下，大風呼嘯，冰雹咚咚的敲打著馬車屋頂，馬車上擠在一起的人們各自摸摸外套內層口袋中要進入巴黎必備的護照。

然後，一個轉瞬間，高聳壯闊的圓頂就出現在眼前，那是萬神殿啊！學子的心也為之震撼，啊！原來這就是巴黎！

學子們若在初到巴黎時，能夠帶著家中母親幫忙裁縫，裝得滿滿的一整箱衣料，或是擁有在過去幾年還很有錢時所買下之尚未拆封的內衣褲、上衣、鞋子等備用衣物，就可以想見他們都算是在巴黎一開始可以過得還不錯的孩子。畢竟，在十九世紀前半葉，治裝費可是一筆所費不貲的基本開銷。

讓我們以最精簡數量的日常生活正裝來做介紹，不含襯衫的黑色燕尾服套裝一套是五十法郎，但你總是得至少穿一洗一，這就需花費一百法郎，那可就是今日的三萬元台幣啊！然後正正經經的襯衫一件約十五—二十法郎，有機會可以在裁縫店以三件五十法郎的特價購得，又撇了台幣一萬五千元的概念。況且，這群不怎麼愛洗澡的人類們，還需要足夠的內衣褲來替換！

當這些單身男子需要新衣物時，在這個還沒有百貨公司、沒有成衣概念可以清爽方便購物的時代，男子們就只能向裁縫店訂做衣物啊！再不然，只能上二手衣店去淘寶了。由於在當時尚未有成衣的概念，衣物服飾也是二手店保值最高且最容易換到金錢的商品。

找來二手衣店之後，對方用二十法郎（約莫台幣六千元）買下了衣服（大禮服和長褲）。

——維克多・雨果，《悲慘世界》

洗衣費——沒有水管只能花錢請人洗

在塞納河的水工們還在熱絡的靠運水賺錢，那個供給普通市民家家戶戶都可用水之供水管線尚未發明的年代，就算每日從外頭將水運回來房間，當然也沒有可以排掉污水的下水道系統。因此，無論如何都得將洗衣這件事交給洗衣店來做，也就是說，洗衣費這筆開銷，對當時上巴黎求前途的單身男子而言，與食衣住一樣，皆是無可避免的。

若想知道洗衣費這筆費用，我們大概可以這樣觀察，倘若是住在巴黎以外的城市，所謂的外省鄉下市鎮，咱們只要用巴黎人每月花在洗衣費上的錢就可以舒爽生活一個月囉！

啊，對了，「行」這件事若只用雙腳，那就不用花費，馬車啊！可是另一個奢華世界的門檻。

咖啡館的消費（詳情請見「饗食品味篇——聽說勇者才有資格吃孔雀？」）

從十八世紀啟蒙運動開始，對於知識分子而言儼然就是朝聖必備之地、生活之必須的咖啡館，絕對是學子們必不可少的花費開銷所在。彷彿你不去咖啡館寫寫文章談論時事，你就不配成為一位正在大學學習，接受高等教育的學生。

不過，咖啡館的花費對一位獨居在巴黎的學子來說，雖然是昂貴的奢華開銷，但相對的也有機會減輕水電費的負擔，週末待在家節省地享用晚餐後的時間是很漫長的，晚上在家要用蠟燭才能正常生活與看書學習，冬天還必須燒柴取暖，不過，如果跑到咖啡館吃晚餐，只需要支付一頓晚餐的費用，就可以享受免費燭光與燒柴暖氣，就跟我們夏天跑到咖啡店吹冷氣一樣。同時在咖啡館還可以看看最新出刊的報章雜誌，有些佛心一點的還可以免費使用鋼筆跟墨水，更可以跟志同道合的鄰座聊天，實際上CP值還算滿高的。反正就是只要睡覺前，都死皮賴臉地賴在咖啡館就可以省下一些水電費！

不過關於個人形象與節約省錢，每位學子不同的人生目標背後，就會有著截然不同的選擇。

晉升上流社會之豪奢費用一覽

就如同我們開篇所提，從十八世紀末開始，法國大革命在法國引發了強烈的政治、經濟和文化變革。機械化的工具開始研發造就了農業改革，工業發展起飛，布爾喬亞階級出現。從此，烹飪和餐具成為社會歸屬感的重要標誌。那麼，在十九世紀，可以區分三種類型的美食：布爾喬亞階級美食、平民美食和農民美食。餐廳這類場所的成功與高級法式料理的傳播，同時也與當時代文人所愛撰寫的美食文學不無關係，這個影響力甚至遍及全球。

在法國大革命和部分貴族流亡的影響下，有才華的Chef大廚師在暱稱「大房子」的貴族宅邸中工作的越來越少，這些最有經驗的主廚們分別走出曾經的舒適圈，將自身能力轉換至名牌豪華的餐廳，這一項大廚之間的轉業潮流在十八世紀末就已經開始了。

餐飲時尚開始被推行出來，不過這依舊沒有逃脫舊體制（波旁王朝君主專制時代）的社會等級。從大革命時期（西元一七八九—一八〇四年）的一百家餐廳，到法蘭西第一帝國時期（Empire Français，西元一八〇四—一八一五年）的六百家和波旁復辟時期（Restauration，西元一八一四—一八三一年）的三千家，可窺探出在這之前貴族們當時到底養了多少餐飲產業的從業人員！

同時，法國大革命見證了「勝利的布爾喬亞階級」崛起。這個新型態的社會統治階層，用廚房來表達他們在治理國家之中的權力和作用。從此，烹飪和餐具成為上層階級社會歸屬感的重要標誌。

同時，上述所說的如雨後春筍般的開業餐廳中之主廚之王、曾經的國王廚師們還有其弟子們的影響之下，在十九世紀初期，搭配了稀有昂貴如鵝肝、松露、蘆筍、牛里脊肉、野雉雞、龍蝦等食材，研發出各種極致奢華加上裝飾性的美食菜單。

在這個既紛亂又相對平和的十九世紀，家庭之中的最大改變，是將餐廳確立為獨立的家庭用餐空間——餐廳會是一個擁有寬敞房間，整潔的裝飾，漂亮的吊燈，以及紅木餐桌的空間。融合了生活品味，當時代開始約定成俗採用的餐桌禮儀乃當時俗稱的「俄羅斯上菜方式」，意思是每道菜是依次供應，而不是同時上桌。

這些新興社會統治階級非常重視餐桌服務，特別是餐具（甜點、茶、咖啡器具），還有精美水晶玻璃器皿，並且還有著必須是潔白無比的刺繡精美之亞麻布巾。此外，資產階級通常依循從前的貴族生活使用器物。例如精美的銀器，這類嬌貴的器具通常需要僕人們耗時幾小時打磨，才能將它們擦得像鏡子般閃亮。

當然，來到這個花花世界巴黎的學子們，他們剛好生活在這個動盪時代之後的平和年代，正是布爾喬亞階級崛起的發展期，只要是有野心的青年，他們一心嚮往的便是有朝一日能夠過上如此之高級生活，而在此之前，他們之中的大多數人，可是連一餐伙食費都得捉襟見肘、阮囊羞澀呢！

馬車費

拉法埃爾：「乘著豪華馬車，躺在柔軟的彈簧墊上，急駛於巴黎街頭……」

——巴爾札克，《驢皮記》（*La Peau de chagrin*）

在這裡，我們廢話不多說，要來聊一下大多數男人們最嚮往的代步工具——馬車。這玩意兒不用多講，就是古代的豪華跑車，賓利或是法拉利，只要你擁有一台好馬車，也就代表你擁有高人一等的權力、聲望、以及金錢。那麼，擁有一輛好馬車，再加上各種進場保養費用和周邊商品，其真實的花費到底是如何的令人咋舌呢？

豪華馬車
作者自攝。

以下就羅列從各文學作品出處所搜集出來的費用清單：

馬車本體：八千—三萬法郎不等
一匹馬＋馬具：四千法郎
司機年薪：四百八十法郎
司機制服：二百二十法郎
備用馬：一千法郎
駕駛座的專用羊毛厚墊：二百法郎
站在馬車後方的傭人＋傭人的工作服
＝三百法郎
一匹馬平均一年的燕麥飼料費：九百法郎×二＝一千八法郎

我們以最便宜可以上得了場面的

八千法郎之馬車來計算，加上其他零零落落的開銷，總計一萬六千法郎，也就是供養一輛馬車最開始所需要的啟動資金至少要四百八十萬元台幣！

當然，我們還是天真了！一位上得了檯面的男人，當然不會只有一輛出行馬車，肯定還會有供他個人去杜樂麗花園耍帥把妹用，如同今日超跑一般的單人駕座，也許也有著用於長途旅行的頂級配置馬車。

以一年大約一千五百法郎生活費的學子來當作估算指標，供養一輛馬車的開銷，可以讓這位學子在巴黎舒爽的過十年啊！

那麼，有辦法將自身的年輕風貌和知識才華轉化成進入上流社會入場券的首要之事，就是得成功先邁入布爾喬亞階級的社交圈。至少，租輛馬車在香榭麗舍大道耍帥一下，或是攢點錢透過關係去歌劇院提升一下氣質，順便看能不能與貌美有教養的千金小姐對上眼，就是某些對人生積極向上的學子在課餘期間，想盡辦法去達成的人生首要目標。

獵豔時刻之歌劇院情事

當我們以上所提到的基礎把妹配備都齊全之後，穿越到十九世紀的法國，身為一位有禮儀的男士，準備夜晚去聽歌劇院看一場演出，會是什麼樣的流程呢？

首先，你會在前往歌劇院之前先享用完一頓豐盛的晚宴，在到宴會的盥洗間中再次完善整潔狀態梳妝打扮後，確認歌劇票上的時間幾乎快到了，手拿個人燭台，再悠哉的出現在演出已進行中的歌劇院。緩緩走進遍佈蠟燭照耀之下的歌劇院會場，劇院裡跳動閃耀的燭光，也許讓眼睛感到些微刺眼，一層層無法散去的蠟燭煙霧讓觀眾只能在朦朧中依稀看到舞台上的表演。

煙霧產生朦朧美，也讓人看不清演員的長相，只能依靠浮誇的舞台服裝辨識。有人可能被燒蠟燭的嗆人氣味嗆到而咳嗽不已，因為所有的富人觀眾都跟我們一樣帶著個人燭台，好方便找座位和讀劇本。在漫長的整夜演出中，滴下的蠟油要及時清理，快要熄滅的蠟燭要掐滅，替換的新蠟燭要盡快點亮，咳嗽聲搭配著演員的歌聲此起彼落，台上台下皆如此。

最終，你會開始厭惡由牛油製作的蠟燭，懷念起燈泡的發明，覺得是否該回到現代，呼吸點新鮮空氣，買張歌劇的票，在現代化的設備下，享受一場美好的演出。

不負責任小常識：八十八支蠟燭的光線＝一盞七十五瓦電燈泡

燭光（英語即拉丁語：candela）又稱坎德拉，是發光強度的單位，國際單位制七個基本單位之一，符號 cd。總而言之，經過各種物理化學的換算之後，有了一個標準：一支普通蠟燭的發光強度約為 1cd，那麼這邊所說的八十八支蠟燭的光線，又因為是手持式蠟燭功率想必沒有一般家用蠟燭高，再加上市面上最接近的市售瓦數燈泡為七十五瓦，因此我們便以八十八支蠟燭的光線約莫等於一盞七十五瓦電燈泡亮度為簡單視覺感受度估算。

向轉職為成功人士的老前輩學習

「如何成為一位事業成功的肖像畫家」

by 十六世紀英倫特派員小漢斯・霍爾拜因（Hans Holbein der Jüngere，西元一四九七—一五四三年）

現存僅有的由十八世紀即開始公演營業至今日，
都幸運地沒發生過火災的瑞典斯德哥爾摩宮廷劇院
「Drottningholms slottsteater」
烏韋．阿拉納斯（Uwe Aranas）攝，CEphoto，2016 年。

亨利八世的大雞雞肖像畫
小漢斯・霍爾拜因，
英國利物浦沃克美術館（Walker Art Gallery）館藏，1537 年。

❖本日模特兒：英格蘭國王亨利八世
❖年紀：約莫四十五—五十五歲之間（西元一五三七—一五四七年）
❖生平八卦：詳情請見英國歷史影集《都鐸王朝》（*The Tudors*）

霍爾拜因：「大家好，我是小漢斯．霍爾拜因，今天要來介紹如何畫出讓雇主滿意、讓自身事業能更上一層樓的私人訂製肖像畫，當然不可獲缺的是與雇主的造型團隊能無間合作，就讓我在這邊以我的最大金主——英格蘭國王亨利八世來當範例吧！

那麼，該如何將這位已經是當時代老年人代表的亨利八世，在畫作中依舊能好好呈現出一股正值壯年的自信與倨傲，這，就是咱們肖像畫家需好好詮釋及表現的！」

重點一

外在體現無比重要：亨利八世本人一百九十公分的魁梧身材，搭配神色果決堅毅的方形臉，以及精心修飾的落腮鬍，彷彿肌肉即將爆出禮服的雄性能量配上緊握的拳頭，眼神銳利直視前方，搭配華麗的服裝與光彩奪目的各種珠寶，模特兒亨利八世先生動用了所有可利用的外部條件來提升氣場！

重點二

添加大量填充物：服裝師將肩膀至胳膊處的大墊肩做蓬，胸衣內側也縫有厚實的襯墊，讓健碩的胸肌更加耀眼；白色的長筒襪也塞入能在視覺上讓小腿肌肉更加發達的填充物；最重要的是要展示模特兒亨利八世先生傲人的性能力，於是服裝師在他那華麗短裙的正中央，搭配了昂然立起的「雞雞男褲前兜」！

重點三

服裝珠寶搭配異業結合：由於這是為了展現英國國力無比堅強的炫富肖像畫，在這邊我就不多加描述，就請靜靜地欣賞圖中滿溢的各式珠寶與配飾。

霍爾拜因：「最後，搭配在下融合北方文藝復興精緻描繪細節的寫實風格，以及義大利文藝復興特有的雕像質地，終能成就這幅讓雇主滿意、讓眾人崇敬、讓小孩夜啼的國王肖像畫！」

好了，回到正題，回到本章節的重點，那些十九世紀巴黎求學學子，在這個已經經歷過西元一七八九年法國大革命，連國王都被砍頭的世代，貴族皇室儼然已不是個安全的升等階級好去處時，到底該如何晉升為當時代所謂的布爾喬亞階級成功人士呢？

如同本章節標題「男子奮鬥篇——娶個老婆提升階級地位可行嗎？」所言，最便捷以及最有機會的方法，說來有點哀傷，不過，倘若一位鄉下鐵匠的兒子成功娶到了某巴黎富家千金小姐，那可才真的是最有成效的階級大翻轉啊！

至於那所謂租馬車耍帥吸引巴黎女人注意之教學步驟，在此就先不多提，咱們到「女子逆襲篇——十八世紀貴婦人生活紀實」中，再來一瞥苗頭。

世界上第一套醫療防護衣的起源

相傳，不，是真的，有一位出生於十六世紀下半葉的法國，來自世襲醫生家庭的查爾斯．德隆姆（Charles Delorme），自其父親擔任教授的蒙彼里耶大學醫學院（Université Montpellier 1）畢業後，夢想著兢兢業業、安分守己的當個給貴族看病的家庭醫生。

由於父親的影響，他精通拉丁文、希臘文，西班牙文和義大利文，並且能說著一口優雅的貴族式法語。也由於父親的影響，德隆姆轉向醫學研究的領域，並在就學期間發表了四部論文：

《當一對戀人愛侶一齊發瘋時，我們可以使用同一種治療方法嗎？》

《發燒瘟熱有可能退燒後再發嗎？》

醫生查爾斯・德隆姆的肖像

雅克・卡洛（Jacques Callot），荷蘭國家博物館館藏，1630 年。

《藥蓍葵是一種活的生物嗎？·它真的有迪奧斯科里德斯（Pedanius Dioscorides，羅馬帝國尼祿的軍醫／藥理學專家）和蓋倫（Galen，古羅馬醫學家）所提到的功效？》（編按：藥蜀葵〔Marshmallow〕，也就是棉花糖的原文，是從古埃及時代流傳至今的止咳聖藥，更是到十九世紀之前的真·棉花糖的主要原料。）

《飯後跳舞有益身體嗎？》

總而言之，德隆姆在父親嚴格的監督之下，在學期間就撰寫了四部論文，並且於醫學院畢業後前往巴黎實習，準備其醫生執業的前期手續。

至於後來為何會創造出史上第一件全身式防護衣呢？他又認真寫了更多不同類型的論文嗎？

兢兢業業想當個好醫師安穩賺錢的德隆姆，於西元一六〇八年在巴黎實習行醫的同時，再度出版了以下由當時總理大臣所委託研究的四部論文。

《國王、王子和偉人的生活與平民和農民的生活相比，是否更不受疾病困擾，並且壽命更長？》

《有毒性藥物對減輕關節疼痛有幫助嗎？》

《我們可以製作出在指定的時間中殺死人的毒藥嗎？》（所以說總理大臣您到底想幹嘛!?）

《如果孕婦患有急性疾病時，可否給予開具流產處方？》（嗯感覺思想很先進的德隆姆醫生！）

事實上，德隆姆為了短暫逃離爸爸的監督人生，在準備任職貴族的醫生之前，去了一趟義大利旅遊，享受了一些豔陽，順便在威尼斯治癒了統治威尼斯共和國的大議會裡發高燒中人數佔比四分之一的議員們，獲得了威尼斯貴族的封號！

回國後，順勢跟著爸爸的腳步成為國王亨利四世的日常醫生，並同時受到身體不適和健康的貴族們的追捧：因為據說他有強壯的體格／明亮的膚色／性感的嗓音／出色的柔和用字和優雅的語句使用等……法國國王亨利四世甚至曾說過，德隆姆是第一位會「溫柔地讓我服藥」的醫生啊！如此祥和備受寵愛的德隆姆青年奮鬥生活著，直至西元一六一九年的巴黎大瘟疫……

先前已介紹過未來會成為法國國王路易十三御醫的查爾斯·德隆姆醫師，大家對他的印象如何呢？是天才？是爸寶？

德隆姆的名聲第一次出現在大眾面前是因為棘手的西元一六一九年巴黎大瘟疫。聖馬丁教堂的住持牧師向公眾發表了德隆姆御醫對於面向瘟疫患者時的特殊防疫裝備：

「整件防疫面具的外層是用高級的摩洛哥山羊皮革鞣製而成，由於摩洛哥皮革孔隙較密，因此能抵擋空氣中的壞東西。」

「德隆姆將大蒜與芸香草（聽說在中藥裡又被稱作臭草）塞進如同鳥嘴的細長裝置中前方，在靠近耳鼻之處放上香氛草藥，最後在眼睛前方鑲嵌著鏡片。」

「醫師穿著這項裝備幫助教堂中的患者治療，不僅自身沒受到感染，並且患者也康復了！」

自此之後，德隆姆在官方和民間皆聲名大噪，而他所研發的這個防疫裝備從此以

17 世紀的瘟疫醫生面具
德國因戈爾施塔特（ingolstadt），
德意志醫學歷史博物館
（Deutsches Museum）館藏。

後也變成了治療瘟疫的醫師之標準配備：

- 戴上面具／披上外袍／手戴手套防止病菌入侵
- 手拿手杖用於翻找檢查疫區物品

並且，大家繼續看下去到「饗食品味篇——賣醋の專業職人」章節終究會發現，這些香氛草藥的配方，好像跟四小偷醋中的配方，有著異曲同工之妙呢！

來自羅馬的施納貝爾瘟疫醫生
（der Doctor Schnabel von Rom）
保羅．佛斯特（Paul Fürst），1656 年。

巴黎紳士

世界上最有名的劊子手，應該就是人稱偉大的桑松（The Great Sanson），來自桑松家族，人稱「隆瓦爾的騎士夏爾．亨利．桑松」（Chevalier Charles-Henri Sanson de Longval），出生於西元一七三九年，於西元一八〇六年離世，職業生涯為期四十多年，親自執行斬首次數接近三千人，一生為法國波旁王朝皇室以及法蘭西第一共和效力，他最有名的作品就是為他效力的現任東家斬首掉前東家路易十六的頭顱。

那爲什麼標題叫做巴黎紳士（Monsieur de Paris）呢？「巴黎紳士」是法國首都巴黎所聘用的劊子手的稱號，從西元一八七〇年十一月之後，法國全國境內的斬首行刑人只剩下在巴黎任職的那一位，因此，至此之後，「巴黎紳士」成為斬首執行人的代名詞。

生為桑松家族的繼承人，一出生就命定有了一份不愁吃穿的工作，只不過這份工作雖然有著體面的別稱「巴黎紳士」，但實際上卻是大家不想要沾染的工作，死刑執行者。著名的桑松家族始於太陽王路易十四的統治時期，這位「偉大的桑松」的阿公——查爾斯．桑松，原本是一位駐軍在盧昂（Rouen）的軍官，他因為跟當地的劊子手的女兒瑪格麗特結婚，成為了劊子手的女婿，總而言之，瑪格麗特在兒子查爾斯四歲時便因病離世，「偉大的桑松」的阿公成為了帶著幼小兒子的鰥夫，離開了盧昂，來到巴黎。因緣際會之下，接替因爲光明正大買春拉皮條有失紳士體面而被解僱的前巴黎紳士，成為了首都巴黎的專屬劊子手，開啟桑松家族的偉大歷史。

讓我們再次回到本篇的主角——偉大的桑松，在這邊就以他的名字亨利來當主詞敘述。亨利出生於巴黎，是十個兄弟姐妹中的長子，既然是個世襲家族，死刑執行人這項職業，如無意外，應該就是由長子繼承稱號以及工作。他原本是在盧昂的修道院接受教育，但某一天，他同學的爸爸發現了亨利是劊子手的兒子，就彷彿是今日的恐龍家長一般，跑去修道院學校大鬧特鬧，說有這種人的孩子跟我們這種當地貴族世家小孩當同學，簡直是侮辱我們，並且損害其他孩子們的聲譽。亨利被迫輟學，轉而聘用私人家教求取學問，並且在之後申請上擁有世界上最古老大學天文台的荷蘭萊頓大學（Universiteit Leiden），立志成為物理學家。

無奈，由於亨利的父親在某天工作時不小心從高處摔落造成癱瘓，生為長子的他，只能放棄學業，為了家庭生計以及職業繼承，而開始了這項死刑執行人的工作。事實上，由於巴黎紳士這項職業的收入並沒有外界想像中的高，所以歷屆的巴黎先生都有各種斜槓副業，在不需要執行斬首任務的時候的工作，那麼，亨利，這位出生於桑松家族的青年，他所做的斜槓副業也是跟他的祖輩一樣是位醫生。

其實，我們仔細思索一下本業當個劊子手，副業是個醫生其實也是滿有道理的，畢竟身為一位可以一刀喀嚓頭顱的死刑執行者，除了要有著強健的體魄跟堅毅的心智之外，必然的就是要非常了解人體構造，知道如何可以在一刀的刀起刀落之中，就讓頭部與身體分離，這是一門技術活。並且也要知道倘若真的是一刀沒砍落的話，可以如何補強才能最快速的讓犯人沒有太多痛苦的離去。

亨利桑松也是第一位使用新型斷頭台當作行刑任務的「巴黎紳士」。斷頭台的發明者安托萬・路易（Antoine Louis）是一位外科醫師，同時也是一位有威望的大學教授，專精解剖學，同時也是百科全書醫學條目的撰寫者。

當時在法國大革命時期的一位政治家斜槓醫生，是個又是一位精通解剖學、生理學和病理學的斜槓醫生——約瑟夫・伊格納斯・吉洛廷（Joseph Ignace Guillotin），他提倡了一個改革法案：「斬首是當今被許可唯一採用的酷刑形式，我們最好尋求一種可以代替劊子手的機器。」在他看來，使用機械裝置執行死刑似乎會是表示人人平等的保證。之後，根據他的私人自傳提到，他認為斷頭台的設計為最終廢除死刑的未來打開了大門。（廢死先驅？）

事實上，吉洛廷這項建議全面使用斷頭台的倡議旨在消除不必要的痛苦。在此之前，死刑的執行是根據犯罪的社會地位而有所不同：貴族會用最鋒利的軍刀斬首，平民則是用有點鈍的斧頭，異端會被活活燒死，盜賊承受著車輪之刑，造假者會在大鍋中被活活煮沸等等。而這一切，都出自於社會地位的不同，因此，由於社會的變革，吉洛廷的想法於西元一七九一年十月六日被採納通過。至此之後，法律規定：「死刑就是簡單地剝奪生命，不會對被判刑者施加任何酷刑」，並且「任何被判死刑的人都將被砍頭」，「斬首作為唯一刑罰，我們尋求一種可以代替劊子手的機器」。根據當時醫學專家們的統一認定，切斷脊髓會讓人瞬間失去知覺，沒有痛苦。

因此，吉洛廷委託了同儕安托萬．路易研發了斷頭台，並且委託當今斬首第一人「偉大的桑松」來一起做研發測試。巴黎紳士桑松決定採用斷頭台作為正式的處決方法。他向法國大革命時期的全國立法議會提交了一份非常誠懇的備忘錄

（*Memorandum of Observations on the Execution of Criminals by Beheading*，1857）：

作為巴黎的唯一斬首行刑人，他會自己購買和維護他的工作工具，他認為現在這個社會大環境處決死刑次數提升許多，已經是個常態，而這樣頻繁的次數，對於傳統用刀來斬首的方法來說要求太高了，而且他的工具並不適合如此密集使用，太容易磨損，這會導致與他所獲得的薪水完全不相符的高昂成本費用。另一方面，在多於以往的處刑次數中，體力勞動可能導致行刑人的工作意外事故，而被判刑人也可能採取因為絕望之後各種不可預見的行為。

西元一七九二年四月十九日在巴黎的比塞特雷醫院（Hôpital Bicêtre），巴黎紳士親自檢驗了斷頭台的操作。首先，在筒形稻草包上進行試驗，接著是一隻活羊，最後是使用人類大體，而這三種試驗都顯示了斷頭台的速度和效率。即將要自掏腰包購入這項工作器具的亨利．桑松和國民立法議會的檢查員對結果皆相當滿意．同一週內，議會批准了斷頭台這項器材用於死刑執行的法律。

這位「偉大的桑松」，其實並不喜歡他的工作，他可能更希望好好的當個醫生

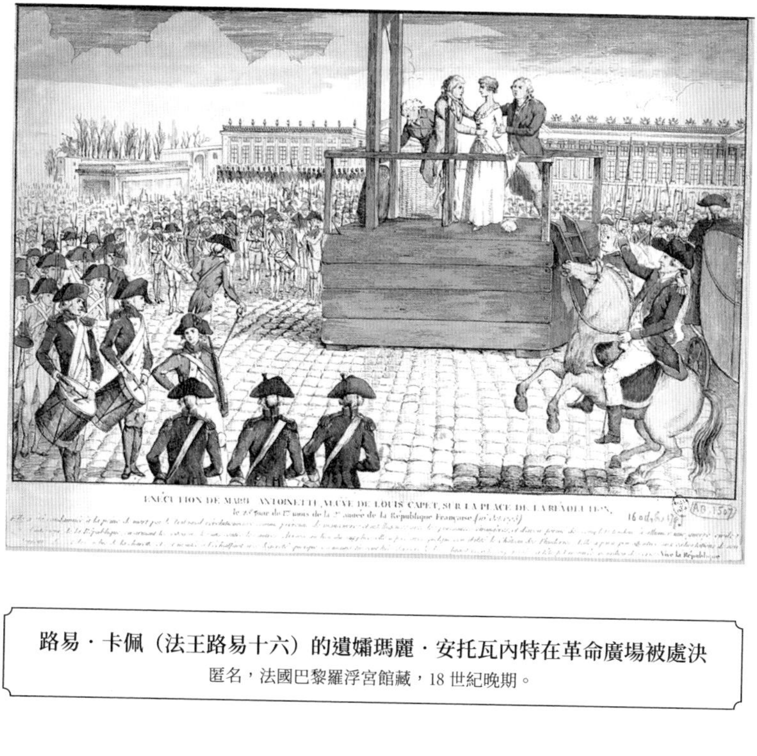

路易·卡佩（法王路易十六）的遺孀瑪麗·安托瓦內特在革命廣場被處決

匿名，法國巴黎羅浮宮館藏，18 世紀晚期。

或是物理學家，雖然他身為斬首行刑人的社會地位常常被認為是光榮的，但他也被矛盾地因爲此家族世襲事業被迫在幼年教育時從學校輟學，他更希望的是打破世人認爲劊子手就是虐待狂的刻板印象，讓大家能理解到，身為一個人類，一個無法變更職業的世襲制度繼承人，盡自己所能，讓被行刑人在接受審判懲罰之虞，能免於其他不必要的痛苦。

亨利．桑松，他最知名的事蹟是執行了前任老闆的斬首行刑任務，其實在一開始接受到這個任務工作的時候，亨利有些猶豫不決，雖然他並不支持君主憲政體制，但他只是不太明瞭為何要如此不停歇的執行任務，在斷頭台上，他問著國王路易十六說：「您知不知道在您身後是我，即將要終結將近八百年的歷史？」，國王回答他：「閉上嘴巴，然後做好您的工作！」，自法王亨利四世起降，歷經太陽王路易十四所建立的傳奇地位之法國波旁王朝正統君主制度世代，就在這機械聲帶動的刀起刀落中落下帷幕。

使用我的這台機器，你不會吃虧，因為我眨眼間就能把你的腦袋砍掉。腦袋會閃電般地機械式落地，飛了出去，鮮血噴出，人再也不存在。

同場加映

位於服喪期間的瑪麗·安托瓦內特皇后在聖殿塔中沉痛哀悼

她胸口佩戴的徽章項鍊上刻有在西元一七八九年大革命前夕去世的路易·約瑟夫皇太子（Louis Joseph Xavier François de France）和弟弟路易十七（Louis XVII）的肖像；圖畫右邊則是路易十六的半身像和遺囑，其中可以看到一些不怎麼清楚的字句：「Aujourdhuy/moi Louis XVI du nom Roy/de France../je laisse mon ame a Dieu..../je crois fermement.../25 décembre/1792./Louis，大致上的意思是，今天／我，法國國王路易十六／我把我的靈魂留給上帝……／我堅信……／西元一七九二年十二月二十五日。／路易」

在瑪麗·安托瓦內特皇后得知丈夫路易十六即將行刑的早晨，困守監禁在巴黎聖殿塔（Tour du Temple）中的瑪麗皇后請人將自己常穿著的純白禮服送到路易十六手中，這其中的白色代表靈魂與你同在之意。爾後，瑪麗皇后換上了奧地利標誌的黑色禮服，代表著為她丈夫國王路易十六守寡。

路易十六被桑松親自處死後，瑪麗皇后便要求畫家為他畫下這幅全家福。最終，瑪麗·安托瓦內特皇后，是在「偉大的桑松」監管之下，由他的兒子亨利·克萊門特·桑松處刑，終結法國波旁王朝君主專制制度下的最後一任皇后瑪麗·安托瓦內特三十七年之傳奇人生。

哈布斯堡—洛林的瑪麗·安托瓦內特在巴黎古監獄的肖像
亞歷山大·庫查爾斯基（Alexander Kucharsky），法國巴黎卡納瓦雷博物館（Musée Carnavalet）館藏，1793年。

路易十六上斷頭台

伊西多爾・斯坦尼斯勞斯・亨利赫爾曼（Isidore Stanislas Helman），
法國國家圖書館館藏，1793 年。

IV 女子逆襲篇

——貴族少婦跟俊美青年談情說愛是常識？

巴黎女孩上流社會攻略——序

在閱讀本攻略之前，有一個最核心的觀念必須請讀者銘記在心，就是從前從前的歐洲社會是由基督宗教思想之社會權威教條所構成的。

這個概念是什麼呢？就是在《聖經》裡所傳遞的所謂常識，無關地位階級，根深柢固地深化在每一個人的核心信仰中，尤其是對於女性形象的傳統觀念，扎實地停留在一個令我們當代人類也許有些感到無法同理的狀態。

在這些古老的故事中，女人跟男人並不是同時被描繪創造出來的；女人，是來自於男人。

在這個概念框架下，我們就能更加明白，在這個從前從前的世界裡，女人是附屬於男人的，男人對女人所有可能產生的行為至關重要：女人是脆弱的，女人必須由男人統御；女人是脆弱的，女人是無自主能力的。

更何況，在《聖經》中，就是夏娃這傢伙煽動偉哉世界上第一個男人亞當吃了禁果，因此這位傳說中上帝從亞當身上抽出一根肋骨創造出的第一個正統誕生於世界上的女人是人類不幸的象徵啊！

各位一定會有疑問，在本章節，為什麼會選擇以十八世紀為這個女性主題作為主軸呢？

因為，在仍舊是君主中央集權制的十八世紀法國，男人們的地位，只能被動地依靠世襲制度讓命運的無形力量掣肘，也就是所謂投胎投得好，生活沒煩惱，若你為長男，從此不苦惱的狀態，只有極少數能衝破命運的桎梏。

女人們則不然，雖說女性看似地位低落，但只要從小堅定意志，讓自己有爆炸般的魅力與學養，又有足夠的運氣能被引領入社交圈的話，最終說不定能獲得以當時代來說遙不可及的成就皆不無可能。

十八世紀法國啟蒙思想家狄德羅（Denis Diderot）在其於西元一七七二年〈關於婦女〉（*Sur les Femmes*）的社論中曾提到，這世上對於女性美的讚美和風情的頌揚，皆只是因為女性身體有讓她們太過自卑的侷限。

當文學、哲學和醫學等各領域的思想及學說已經內化了人們的視角，強化了女性的極致特質：例如嬌弱的體質，過度的柔情，有限的權利，和脆弱的情緒等等，深化了普世大眾對女性智力的缺乏及生理上的自卑感。

簡而言之，在那個從前從前的法國社會，女人就是因為少了那話兒而無法挺起胸膛見世面。不過這卻也讓十八世紀的女人們能從中得到突破口，藉由那些刻板認知順水推舟達到目的。

以「自由自由，天下古今幾多之罪惡，假汝之名以行！」（"Ô Liberté, que de crimes on commet en ton nom!"）這句話廣為後世流傳的羅蘭夫人（Marie-Jeanne Phlippon），在她的回憶錄中曾說過：

事實上，我對我身為一個女人感到非常的煩悶：這讓我需要另一個靈魂，或擁有另一個性別，或前往另一個世紀；又或許我應該出身為一位斯巴達或羅馬女人，或至少是一半的法國男人〔……〕我的思想以及我的心被輿論偏見的枷鎖束縛，鑄鐵般的質疑，狠狠地耗盡我的努力。啊！自由，以美德餵養，擁有著強悍的靈魂，對我來說不僅僅只是一個詞語！

戴吉倫特派帽的羅蘭夫人肖像畫

法國畫派作家，
法國凡爾賽，蘭比內博物館（Musée Lambinet）館藏，
1790—1799 年。

那麼，在上述前提下，所能設想出來的當時代女孩之最強大逆襲：就是身為一位十八世紀法國某貴族家中的千金小姐，是能夠如何一步步地透過自我省察及生涯規畫策略，和親友間的互利互惠，成為攻佔各大晚宴舞會沙龍話題版面的巴黎名媛，最終也許還有機會成功地攻佔下國王身邊的第一位置——享有爵位，擁有領土跟薪俸，有權力指派官員並主導徵稅事宜，甚至是與國王共同聯名簽署國家正式文件的法國皇室認證之官方皇家情婦呢？

且讓我們看看這些生存在十八世紀的法國女人們，能如何在沉重無比的社會偏見中，巧妙地幻化出十八世紀巴黎女人的生存戰爭。

淑女養成術

內在美的祕密

最早有紀錄的，我們今日所熟知的女性內衣概念，來自古希臘人的記載。也許有人說，「不對啊！我曾經看過西元前一千五百年的古埃及壁畫中，有著女生穿小可愛樣式的整套內衣褲！」這個概念是這樣的，古埃及的一般良家婦女或是上層階級的女子，其實袒胸露乳才是常態，會穿著我們現代人認知的那種用輕薄獸皮縫製而成之小可愛和露屁屁熱褲，是屬於奴隸或妓女才會有的穿搭。

讓我們將時空座標轉移到希臘時期，古希臘人，他們是小奶控的代表，我們可以從當時的作品察覺出希臘女性的身材刻意展現出雌雄同體的樣貌，佐證了當時的希臘人對於小巧乳房的偏好，同時在醫學史料中的記載中，還可以發現醫生提供防止胸圍發展過巨的診療處方。

所以希臘人的衣服款式大致上的樣貌是如何呢？首先，罩在外面的寬大披裹式貼身內裡長袍（Chiton）之下還會有著一件寬鬆的亞麻內衣，接著在裡面會穿著用亞麻與羊毛交織而成的長條綳帶束胸和束腹，若是正在發育中的少女，會在束胸上多加一條束帶可以更好地將胸部壓平。這就是古希臘女性的內在美穿搭模式，中國在某一個年代有著女孩子專屬的又臭又長裹腳布，而歐洲在某一個時期也有著不知道臭不臭但是也很長的束胸布。

大家有沒有發現，從開頭說到現在，彷彿少說了什麼東西，是的，就是內褲！

已經有束腹這項玩意但是尚未出現內褲這個跨時代的產品唷！

有人說，內褲的前身像白襯衫？不不，雖然彷彿穿著現代的長板白襯衫，不過胯下周圍可是空盪盪的。

我們將時空再次快轉往前到長達一千年的中世紀時期，這一千年的光譜中，我們查閱了所有的典籍文獻跟繪畫作品，都沒有內褲這項我們現代人感覺數一數二重要紡織品的紀錄。沒錯，到了中世紀，歐洲人還是沒有出現穿內褲的概念。我們從十五世紀的經典手抄作品《貝里公爵的豪華時禱書》（*Les Très Riches Heures du duc de Berry*）中的冬季二月月曆圖中可以看到，歐洲女子沒有內褲，不過有連身襯裙，農家女子因為工作方便的需求，那個連身襯裙是薄薄一層較粗糙的蕁麻縫製而成，又如果是貴族女性，就會使用羊毛或是棉花等舒適材質。那麼出於衛生觀感原因，襯裙一直到十五世紀前都是白色的，也許會有繡上美麗的圖樣，但統一來說就是以方便煮沸清潔的白色為主。這邊所說的襯裙怕大家有所誤會，應該這樣講，以現代眼光來說它應該就是一件很長的有腰身的長版白襯衫。

而在中世紀時期的長袖連身襯裙外面，在貴族階級中，曾經出現一項彷彿是後世所謂為流行的緊身胸衣馬甲樣式的背心裙，這種背心裙的上半身的側邊或背後會有精緻的蝴蝶結花樣綁帶，可以收緊胸圍托高胸部，順帶的增添嬌俏可愛清純感。但是，天主教會保守，無法容忍這種穿搭風格，在西元一三七〇年時還頒布了一項法令，規定「任何女人都不應該透過襯衣或繫帶連衣裙來支撐她的乳房」的禁令。

我們一路快轉來到法國凡爾賽宮的年代，在本書的第二章「生活百科篇——隨地解放這件事是真的嗎？」中，若大家還有印象的話，是不是有提到皇宮內隨地便溺的藝術呢？

是的，內褲這項劃時代的產品依然尚未問世，一直到法王路易十六頒布了一項法令，規定舞台上的芭蕾舞者必須穿上能夠遮住下身重要部位的非透明絲襪開始，我們從中看到了內褲這項產品的發展曙光。

接著有一群被稱為Incroyables（男性）和Merveilleuses（女性）的法國年輕保皇黨之間所流行的打扮問世了，他們說他們期盼重新發揚古希臘的女性時尚，超薄和透膚的連衣裙為重點，那麼避免曝光，他們在下半身穿上了一種非常緊身的膚色長襪，就像現代的不透膚膚色運動緊身褲（legging）一般，誕生了第一條女性內在美中第一件半身長內褲（終於！）。

貝里公爵的豪華時禱書

林堡兄弟（Limbourg brothers），

法國瓦茲省，尚蒂伊城堡孔代博物館圖書室（Musée Condé）館藏，1412—1416 年。

時尚配件——束腹

那麼，當貴族少女們提起十八世紀時尚社交圈服飾中的第一把交椅，就非「束腹」莫屬了！這個極其病態地改變人體內臟位置的東西，是當時女性服裝的根基和骨架，每一個資產階級家庭中，必然會有一位專屬配合的束腹裁縫師，為女主人和千金們訂製她們各自的專用束腹。

當十六歲的年輕女孩在準備要變身成一位尋覓夫婿的半熟女人時，首先就必須用束腹來改造自己的軀體。換句話說，為了要能踏入社交界中，並且能很快地覓得如意郎君，就勢必得接受將緊繃到極限的束腹穿戴在身上的「類．酷刑」：

- 將身體緊縮
- 支撐提托乳房
- 提高臀部曲線
- 身體側面曲線呈現S形

如果可以拆掉幾根肋骨她們都會很樂意呢！（誤）

倘若當時代上流社會的年輕女孩無法接受當時代的時尚美學，拒絕這種化身美麗的酷刑，那可是連進入社交圈的第一關都無法通過。

我似乎太高估自己的實力了，美麗應該是上帝賦予一個人的稀有特權，但在巴黎，卻似乎遠比我想像的還要尋常。

—巴爾札克，《人間喜劇・兩個新嫁娘》（*Mémoires de deux jeunes mariées*）

束腹從十八世紀一路流行到十九世紀中葉，就在西元一八五六年，瘋狂的巴黎時尚圈發明了籠子襯裙這項劃時代的美體產品，這是由鯨魚骨或柔性鋼刀片透過織布條縫合在一起並且連接到腰帶上的裙撐。

這是歐洲歷史上女性行動最受限制的時期，身處這個時代，也許你會感到生為平民階層可能會餓肚子可能會早死可能會髒死，但都寧可身為一位平民女性吧！因為，倘若你是一位上層階級的千金小姐，就算是想要躲在杜樂麗花園角落的樹叢旁上個小號，她都得煩惱只帶一位侍女隨從的她能在自己解手完，由侍女一人獨自鑽進重到不知道該如何形容的襯裙內擦拭她的尊貴屁屁清潔乾淨後，還能再全鬚全尾

束腰的辛苦

費迪南德·馮·雷茲尼切克（Ferdinand von Reznicek），
由德國慕尼黑出版商阿爾伯特·蘭根出版，19 世紀。

盥洗室 La toilette

法蘭索瓦・布雪（François Boucher），

西班牙馬德里，提森—博內米薩博物館（Museo Thyssen-Bornemisza）館藏，1742 年。

的鑽出來嗎？

接續到本章節「淑女養成術——內在美的祕密」中，那個最晚出現的女孩子內在美商業化產品，其實就是源自於十九世紀中期的襯裙問題，不經意間讓女孩子們想到了兩腿之間的小祕密，終於，穿著內褲這件事開始大眾化。我們可以看到有著繫上鈕扣的寬腰帶褶襉褲頭，長至膝蓋，然後會以刺繡或蕾絲裝飾的荷葉邊收尾在小腿肚，重點是要開衩，已滿足女孩子的基本需求。到底是什麼基本需求呢？各種解放的需求，像是小解與做愛。

時尚配件——吊襪帶

先來定義一下這邊所指的吊襪帶，它是一圈可以放置在膝蓋上方或大腿根部的布料，用來維持繫緊長襪位置，好讓長襪得以不往下滑。

第一件吊襪帶出現在久遠的中世紀時期，時值西元十二世紀，那時候處在不知道第幾次十字軍東征的士兵們，他們下半身著緊身馬褲以及長筒襪搭配靴鞋，而那時候還沒有所謂鬆緊帶的發明，鬆緊帶可是到西元一八四五年才發明的產物呢，因此這些中世紀騎兵們，就需要吊襪帶來固定自己的長襪。換句話說，吊襪帶最早是男人的專用服飾配件。

那麼，光陰荏苒，在不知不覺中，到了十五世紀，男人和女人們發覺到吊襪帶那個隱隱不為人知，掛載在女人大腿時的性感樣貌，此後，屬於女人的吊襪帶也現身在貴族必要服飾配件清單中。

女孩們的吊襪帶那可就是千變萬化囉！各種材質如絲綢、羊毛、純白的棉布等應有盡有任君選擇，再搭配上刺繡與蕾絲花邊，追求的是舒適混搭私密專屬風格。你可以看到十八世紀留存至今的吊襪帶上繡著「我這一生只愛著你」、「永遠不改變」的小情話，甚至是可以看到神祕的如同革命同黨密語的暗號。

等等，暗號？這是什麼意思？

當法國大革命將整個國家政治體系從君主制切換到民主制度的時候，法國女人們反而更被政府與社會壓迫無法公開表達意見，因此，擁有知識的舊體制貴族出生或是資產階級出生的女人們，找到了一種和平的方式表達自我意見，那就是在吊襪帶上表達出自己的想法！

在性感蝴蝶蕾絲絲綢吊襪帶上，繡上例如「人人平等」、「美德與勇氣相結合」等字眼。（更多內容請見本章節「法國大革命中的女子們」）

7e Cahier des Costumes Francais. 1re suite d'Habillemens de Femmes à la mode.
Femme en Robe à la Polonoise, de tafetas rayé, garnie de gaze, remettant sa jarretiere et laissant voir sa belle jambe.
A Paris chez Esnauts et Rapilly rue St. Jacques, a la Ville de Coutances. Avec Priv. du Roi.

波蘭舞曲風格的女人——法國時尚吊襪帶

皮埃爾·湯瑪斯·勒·克萊爾（Pierre Thomas Le Clerc），
德國柏林美術館（Nationalgalerie）館藏，1778 年。

時尚配件——傘

在中世紀時，人們還沒有使用傘的經驗，下雨時人們使用的是類似斗篷外型的雨披，直到十八世紀初，路上行走的紳士們依舊戴上寬邊皮帽及披風遮擋風雨，但還是有機會全身被浸濕。

我們可以在西元一六一一年的著作，一位名叫托馬斯．科里亞特（Thomas Coryate）的英國旅行作家出版一本他一路從歐陸遊玩到印度的遊記中，記載了他在義大利某城市使用「傘」來遮蔽豔陽的事情。

至於雨傘呢？

在我們的時尚之都巴黎，則是一直來到十七世紀，從一位劇場演員安托萬．吉拉德（Antoine Girard）的私人物品中有第一個記錄在案的使用可防水油布雨傘的紀錄。

「巴黎，這真是一個漂亮的名字啊！拱廊街裡陳列的精品，散發著光彩和夢幻！」

「藉著購買巴黎的商品讓巴黎的幻影如海市蜃樓般閃耀！」

同場加映

世界第一把摺疊傘

世界上第一把摺疊傘發明的時間是在我們十八世紀初期。一位名為讓·馬里烏斯（Jean Marius）的發明家所研發的，由綠色真絲絲綢，八個鐵製伸縮摺疊桿和手工鉸鏈，以及可轉動的橡木材質手柄搭配螺紋黃銅銜接物結合而成的。

世界第一把摺疊傘

讓．馬里烏斯，巴黎時尚博物館（Musée Galliera）館藏，1715 年。

PARAPLUYES DANS L'ETUY
PARAPLUYES
ET PARASOLS
A PORTER DANS LA POCHE.
LES Parapluyes dont Mr Marius a trouvé le secret, ne pesent que 5. à 6. onces : ils ne tiennent pas plus de place qu'une petite Ecritoire, & n'embarassent point la poche ; ainsi chacun peut sans s'incommoder en avoir un sur soy par précaution contre le mauvais temps. Ils sont cependant aussi grands, plus solides, resistent mieux aux grands vents, & se tendent aussi vite que ceux qui sont en usage.
Ils se font & se vendent à Paris chez Mr MARIUS, demeurant ruë des Fossez Saint Germain, aux trois Entonnoirs.

皇室特權專利證書

讓・馬里烏斯，巴黎時尚博物館（Musée Galliera）館藏，1715 年。

西元一七一〇年一月一日，讓・馬里烏斯因發明摺疊傘而獲得了法國太陽王路易十四所賞賜的五年皇室特權，這個世界第一把為了防雨所設計出的摺疊傘被稱為 parasol-parapluye brisé à porter dans sa poche（可隨身攜帶的傘袋式傘）。在這五年皇室特權期間，製造的雨傘必須帶有讓・馬里烏斯的標記。五年後才開放給其他傘商自由製造，這種皇室特權也可以算是一種期限內獨佔事業（專利）的體現。這個皇室特權中還規定了任何複製摺疊傘販售的商家會處以換算成今日大約四萬歐元的罰款。

#目前在哪兒可親眼看到本尊呢？請前往今日巴黎十六區的巴黎時尚博物館。

歐洲人也有嫁妝這回事

歐洲嫁妝的習俗大約從十二世紀的中世紀時期開始盛行，這是一位男子的未來妻子之家人送給新郎的禮物，但也因為嫁妝這個法律的訂定，女性地位因此逐漸下降。

從中世紀開始，我們就知道，婚姻與個人事務無關，並不是基於兩個人之間的性吸引力或是兩人決定共同生活。相反地，婚姻關係到整個家庭集體為自己選擇一個配偶，這個家族集體決定通常忽略了被結婚男女雙方的意願。

實際上，從那時候開始，婚姻就是聯盟，一種非常廣泛意義上兩個血緣家族之間的契約，包括曾有舊仇、現在需要互助的遠方不同城市盟友，或是遠房親戚家族。婚姻和世襲戰略齊頭並進，嫁妝這項禮物使接受者有義務回饋，意思是這是對兩個家族都互惠互利的。

那麼，十八世紀的嫁妝，同樣是婚姻控制下的產物，在這個時期的法國，妻子的嫁妝是屬於丈夫的財產。即便妻子在有生之年明面上都擁有從娘家帶過來的現金及土地資產，但她的丈夫也對嫁妝擁有管理權，以及需要轉讓（用有形資產來週轉現金）時的唯一批准權。而當丈夫死後，倘若遺產不足以應付生活開銷，嫁妝就能夠用來撫養她和她的孩子。

也因此，一位女性，倘若她是貴族，在巴黎婚姻市場上就有一定的基礎好分數，倘若她貌美，又是一個小加分項目，那麼，假設她擁有那個數字一眼數不完，豐盛到不行的嫁妝，那她就是婚姻市場的挑選者了！

一個巴黎上流階級的婚姻關係，我們可以視為財富與財富的結合，無關倫理，無關愛情。

因此，你會發現有一個迴圈自然產生：

一位十八歲年輕貌美的地方貴族少女，家中沒有辦法準備多少嫁妝，就會在家人的安排下，嫁給離年輕及帥氣有點差距的，大約六十歲左右，一隻腳都踏進棺材的巴黎貴族或大資產階級（high bourgeoisie）男人。那當然通常一開始年輕貴族少女都會不從，不過呢爸爸媽媽就會好言相勸，在那個上層階級平均壽命大約五十歲的世代，家中長輩通常都會以這樣的話術跟女孩說：

「孩子啊！只要忍個二三年、四五年，對方的財產跟家世背景可就都來到你的手中，變成你的靠山！倘若妳再爭把氣，努力生出個孩子，那他還活著的時候你可就已經自由了！你就已經優先達成婚姻任務，可以悠哉的交往比你年紀輕的大學生男朋友，到時候，那些俊俏又體能好的小伙子可就都任你選擇囉！」

女孩先與可以當自己爺爺的男人結婚，過個幾年，開始與比自己年輕的男人們談戀愛，等到先生去世後，也許就把最喜歡的那位入幕之賓選為下一個結婚對象，然後等著女孩變成女人，再變成老婦去世之後，年輕男子也成為事業有成的韻味中年男子，從妻子那邊繼承了大筆財產，最後，再與年輕的貴族少女結婚。

完全就是一個洗血統跟洗產地的概念啊！

十八世紀貴婦人生活紀實

與我們現代思維認定上所認為十八世紀的法國人會生養很多很多孩子的大家族不同，法國舊制度的典型家庭不是那種與祖父母、叔叔和堂兄弟同住的大家庭，而是僅限於父母和子女的夫妻小家庭。

而這個小家庭有很大機會會在父母之一去世後再重組。一個家庭的小孩也不是特別多：平均大約三、四個。在整個十八世紀，那種拒絕像古時候一直生小孩的觀念正在發展：生養較少的孩子可以讓每個孩子得到更好的照顧，跟醫師諮詢或尋找避孕偏方的行為大增，例如各種避孕食譜、使用豬大腸保險套等等。同時結婚年齡偏晚許多，男孩的初婚年齡大概在二十八歲，女孩則是二十五歲；並且再婚是再正常不過的事情，大約有三分之一的婚姻都是跟寡婦或鰥夫結合。

那麼，讓我們回到巴黎的已婚貴族女人身上，這些貴太太們花在社交上的時間，比起現代上班族的上班時間還要長，完全沒有時間養育自己的親生孩子。倘若我們將現代職業女性的表定工作時間與十八世紀上層階級的貴夫人相比較的話，會發現這些生活在十八世紀的巴黎貴夫人花在社交上的「工作」時間遠比當代職業女性還久得多。這讓貴夫人們過度忙碌的職業社交生活，同樣使平民階級的女性們有了各種工作機會。

在這邊我們就生了一個女兒的狀態來描述，想當然耳，貴夫人們怎麼可能有時間照顧小孩，她們也不可能親自哺乳；也因此孩子一出生就有專門的奶媽哺乳，長大一點就有專門負責教養的女僕來教導，教育則是聘請專業的家教。因此奶媽、保母、家庭教師等各項女性職業的需求也升高，為了讓小孩擁有國際化的世界觀跟多國語言的能力，通常來自英國的家庭教師最受歡迎，再不然就是等小孩長大到一定歲數，大約六七歲，就把小孩丟到修道院的寄宿學校去，省時省力省空間。

直到十六歲左右，女兒能夠被視為一個成熟女子來看待，這位貴族女人才會開始正眼對待自己的女兒，因為終於可以摩拳擦掌的領著女兒踏入上流社會社交圈了，自己生的女兒，正式成為了一個不錯的社交籌碼。

在這兒我們所要描述的，就是關於美麗已婚有小孩社交事業有成的貴太太們的重要社交生活。我們先稍微提一下十八世紀法國上層階級的夫妻關係，也就是婚姻型態。

在巴黎社交界中闖蕩的美麗貴婦人太太，以及言談舉止溫文儒雅姿態挺拔魅力滿點的先生之組合，就算是身處二十一世紀的我們也許聽起來可能都會羨慕，不過，我們必須了解，這樣看似完美組合的夫妻，在十八世紀的巴黎很常見，同時他們基本上沒有生活在一起，唯一的連結點就是他們是有締結婚姻關係的男女，並且擁有共同的兒女，我們將這樣的美妙夫妻組合，視為擁有共同任務目標、共同利益的團隊同事應該會更為恰當好懂。

在這裡，我們擷取貴婦人日常午後四點到五點的活動 aka 醫生開的健康處方，搭馬車到杜樂麗花園散散步的進階版本介紹給大家，這個高階版本的貴族必備活

晚宴
歐仁・拉米（Eugène Lami），
法國凡爾賽蘭比內博物館館藏，
1855 年。

空閒時間
約瑟夫・卡羅
（Joseph Caraud），
私人收藏，1863 年。

動有一個專有名詞，稱作「瓏驤（Longchamp）漫步」。

在說明瓏驤漫步是什麼神祕的慶典之前，讓我們先將視線轉移到法國這件事。以宗教立國是個天主教國家，最基本的就是假期跟活動都跟著宗教的日子走。因此在四旬節時（每年二月底至四月初的春天時節，又稱大齋期），國王便下令所有的歌劇院都暫停演出，也就是整整有四十天的日子，貴族們的玩樂會被限制而少了許多樂趣。

一直憋憋憋憋到了聖週期間，也就是逾越節三日慶典（傳說中耶穌最後的晚餐到受難日到耶穌復活的日

貴婦人的一日行程解析

11:00 － 14:00	起床吃早餐
14:00 － 16:00	沐浴梳妝打扮、順便約約會
16:00 － 17:00	搭馬車到杜樂麗花園散步——醫生開的健康處方
18:00 － 19:00	居家會客時間／沙龍聚會開始時間——最長可至晚間十點
22:00	舞會開始 via 工作時間開始
04:00	舞會結束，返家休憩，結束美好的一天

上菜順序

22:00	果汁蛋糕
23:00	潘趣酒（Punch）霜淇淋
00:00	火腿三明治英式蛋糕溫酒
01:00	紅茶
02:00	宵夜

子，四月份春暖花開的那一週），巴黎貴族人家便會駕著馬車匯集在香榭麗舍大道，延著布隆尼森林的小徑前往瓏驤的修道院聽修女們演唱慶祝聖日，而修道院甚至會聘請留職停薪的巴黎歌劇院歌手們混入修道院的合唱團中以提高聲勢與娛樂性，雖然這實際上是以認真祈禱、刻苦做補贖，並且守齋四十天的行動為宗旨的節日。

到了西元一七五〇至六〇年代，瓏驤漫步這個景象儼然已達到了巔峰，它成為了一個偉大的儀式場合：外國貴族、外交官、公職人員、將軍將領在奢侈與優雅中相互鬥爭，在義大利那不勒斯或西班牙馬德里，為了表達虔誠，國王本人在聖週期間都避免出現在豪華馬車上；與之不同的是巴黎，貴族們提前幾週就開始認真積極地準備他們最豪華的裝備，所有可用的馬車都被徵用或租用，連中產階級的新富豪們也不例外的開始整裝，普通男性居民也會將最好的那套禮服穿戴好準備當天跟著車隊一起步行。

到了聖週三當天，騎馬和徒步的男人們擠在人群中，盯著女人們，一群混亂的人群擠滿了香榭麗舍大道和布隆尼森林周圍的道路，記者、社會評論員，以及周邊小販讓人們幾乎每年都能追蹤瓏驤所發生的傳奇故事。

啟蒙時代的作家路易·薩巴斯欽·梅西耶（Louis-Sébastien Mercier）在著作《巴

黎景色》中曾提到這個盛典的景況：

聖週三，聖週四和聖週五，巴黎人都前往了距離巴黎四英里外的小村莊瓏驤的修道院，讓司機衣著最高雅美觀的制服，駕駛著最華麗的馬車，最活潑健壯的馬匹帶著他們抵達那兒。

車頂蓋上的寶石搖曳可見，更有甚者，甚至出現了陶瓷燒製而成的馬車車廂。因為當時的巴黎女人在公眾面前是要被隱藏起來的，不能被看見的，而為了攀比，當然要從馬車駛出家門後就想盡辦法爭奇鬥豔。就在那一列列的排隊前行載著貴夫人以及其女兒們的華麗馬車車廂，車輪滾軸在或乾燥或泥濘的道路裡，馬匹塵土飛揚地行進在布隆尼森林的小路上。

瓏驤漫步是 18 世紀巴黎社交生活中最為重大的盛典
卡爾．韋爾內（Carle Vernet），
法國巴黎卡納瓦雷博物館（Musée Carnavalet）館藏，1803 年。

瓏驤賽馬時尚
皮埃爾．加瓦尼（Pierre Gavarni），私人收藏，1874 年。

以「瓏驤漫步」為主題，Hermès 愛馬仕絲巾。

沙龍中的情慾流動

法國的沙龍文化，在當代的我們眼裡，彷彿是個充滿藝術性的家庭公共空間，倘若能身處其中，也許會帶來各種美感體驗以及心靈層面的洗滌。那麼，實際上沙龍是什麼呢？一開始，所謂的沙龍空間，相較於我們後來較為知曉的開放給男性大眾的官方沙龍展覽，其實最原始的沙龍有一大部分範疇是屬於女性貴族的私領域。

私領域啊！多麼讓人聯想紛紛的詞語。我們可以從十八世紀流傳到現在，那些以貴族女性私密沙龍空間為題材的文學作品，貴族家中女主人公寓的室內裝潢圖稿以及繪畫作品來摸索這沙龍，或是可以說貴族女人專屬起居室中的情慾流動。

正經一點來說，一位貴族家中的女主人，當然會不定期舉辦有著音樂家現場演奏的文藝聚會，其中文人政客往來，發表論述聊聊八卦批評公眾事務參雜一些調情語調也是正常。這就好比我們在「饗食品味篇——聽說勇者才有資格吃孔雀？」中會提到的啟蒙時代咖啡館文化一般，只是這個由已婚貴族女性發起的沙龍聚會，更為私密、高規格，而且有尊貴的女主人存在。

十八世紀初期有聲望的已婚貴族女性，除了某些能期盼成為國王情婦之外，更多的是熱衷於舉辦社交活動，而這種沙龍女主人的文化在路易十五的情婦龐巴度夫人（Madame de Pompadour）芳華正茂名聲最盛之時達到高峰，一直到十八世紀下半葉也有著喬芙蘭夫人（Madame Geoffrin），這位最著名的沙龍主辦人持續為沙龍文化發光發熱。

在她的沙龍中，你我皆認識的偉人名人，如大文豪伏爾泰，學校歷史課本一定會出現的孟德斯鳩，百科全書的作者狄德羅等等皆是她沙龍裡的往來貴客，她歡迎所有的藝術家來星期一沙龍，星期三則是廣邀學者，文人墨客進行哲學探討，只要有來自歐陸其他國家的無論是商人，貴族或是知識青年來到巴黎，都以能被邀請參加喬芙蘭夫人的沙龍為榮。

沙龍，不僅僅是男男女女互看順眼談個婚外情的地方，更是十八世紀啟蒙時代的知識傳播網。這些引領著啟蒙時代沙龍的貴族女性們，讓十八世紀中葉的沙龍改變地位，成為了上層階級與知識分子開拓社交活動及交流新知的空間，同時也讓這些身處沙龍中的貴族女性們將一個原本用來打打撞球品嚐下午茶，或是來訪賓客會與正在泡澡中的女主人閒聊之貴族休閒娛樂場所，化成一個在不鼓勵女性有事業的世代，讓女性真正可以創造些什麼的空間。

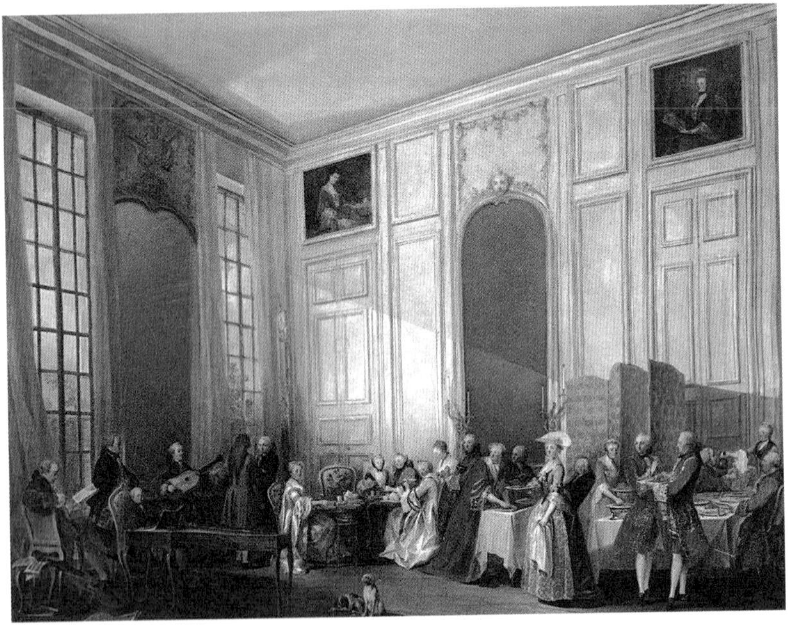

巴黎聖殿宮沙龍的英式下午茶茶會

米歇爾－巴泰勒米・奧利維耶（Michel Barthélemy Ollivier），
凡爾賽宮法國歷史博物館館藏，1766 年。

在以上這些片段的介紹之後，來點中場小結語。

不知道各位看到目前為止的極短篇攻略中瞧出了些什麼呢？

也許是感覺法國貴族女性生活得很快活，也許是體會到婚姻與戀愛這個亙古不合拍的兩件事，又也許是發現了貴族女性從出生就開始的奇幻產業鏈。

無論如何，我們可以一覽這群十八世紀生活優渥，居住在法國各大城市中佔總人口數不到百分之三的上層階級、貴族和大資產階級的部分生活模式，並且也許能推論出至今為止法國時尚文化的演變是從何而來。

而剩下的那百分之九十七的人口呢?從下一個章節開始，平民普羅大眾就會現身在故事中。

法國大革命中的女子們

這是個女人們覺得自己也能有機會出頭天的時期。

在西元一七八九年法國大革命之後，經歷了三年短暫的君主立憲時期，法國男人們開啟了一種倡導偉大價值觀的新政治制度：法蘭西第一共和國（République française）。

在這個共和國，男人是新自由與平等博愛的代名詞，實際上對女人來說沒有任何意義。事實上，在這個新時代，如果說男人向前邁進了一大步，那麼女人們甚至是失去了她們在大革命中奮鬥的所求所願，女性仍被這個新政權所拋棄，甚至地位比以往更低。

有一段記載於西元一八七一年四月十二日《巴黎日報》的〈人民之哀嚎〉（*Le Cri du peuple*）中，創刊人有一段評論是這樣寫的：

> 我目睹了三場革命，而這是第一次（這邊所指的是一七八九年法國大革命），我看到婦女引領著孩童參與到革命的行列。這場革命似乎正是屬於她們的，經由捍衛這場革命，同時就是在捍衛自己專屬的未來。

在大革命結束後，當時的公社依然不授予婦女投票權，而且她們仍然被認為是男人的私有物，但趁著大革命的風起雲湧，法國女人趁勢以前所未有的方式現身於社會中，並以前所未有的方式為她們的革命運動做出貢獻。她們不僅自詡以「公民」的身分參與保衛巴黎，而且還以「演說家」的身分參與俱樂部的活動。

當時，雖然人們（意指社會話語權的主宰：男性）經常會談論俱樂部裡的女性，不過往往對她們在那裡所說的言論毫無興趣。實際上，大家都知道，女人們在那裡討論了非常具體的主題，在當時候甚至可以說是驚世駭俗，討論到了婚姻中的社會平等、自由結合以及離婚、托兒所的需要及兒童相關法律的設立、期望女孩也能接受學校教育，以及對平等的需求至少能體現在同工同酬。

法國女人，尤其是巴黎女人們在推翻君主制度的大革命中佔了跟男人們一樣重要的角色，各種周邊助力甚至是幾場主要的遊行發起者，但，在新世代的開始時依舊被漠視了。

以「自由、自由，多少罪惡假汝之名而行！」為後世知名的法國大革命時期的政治學家羅蘭夫人，至今有多少人知道說出這句話的是一位女性呢？

LE CRI DU PEUPLE
Journal politique quotidien
Rédaction en chef : JULES VALLÈS
LA PROVINCE

西元1871年4月12日的《巴黎日報》版面。

婦女和女性公民權利宣言

還有一位名叫奧林匹亞．德．古熱（Olympe de Gouges）的法國女子，在最眾所皆知的法國《人權宣言》（*Déclaration des Droits de l'Homme et du Citoyen*）於一七八九年成為法國憲法的序言後，古熱在一七九一年發表了《婦女和女性公民權利宣言》（*Déclaration des droits de la femme et de la citoyenne*），是第一位真切提倡性別平等，關於人類女性這個生物別也是該被理智認真對待，而不是僅僅視為男人或家族男性所有物（財產）的人。

宣言第一條：「女人生而自由，且與男人的權利平等。」

#也是一枚苦情花來著
#那時代的女性故事
#最終被送上斷頭台

她是一位社會改革家和劇作家，為所有她認為當時被漠視的族群，如孤兒和婦女，尤其是未婚婦女發聲。簡單說明一下法國大革命之後令人為之困惑的政治狀況：古熱被各方人馬憎恨及厭惡，原因可能僅僅是因為她將所發表的《女權宣言》獻給了瑪麗·安托瓦內特皇后，導致當時的溫和派認為她過於激進，極左派則認為她是保皇黨，雖然實際上的她，所擁有的那種溫情堅定之態度更偏向溫和的吉倫特派（La Gironde）。

以上各種派系聽起來好像有些許複雜，其實我們也就只需要知道，古熱就是一位美妙的理想人文主義者，反對路易十六之處死，同時也極力反對法國殖民地的奴隸制度，早在大革命前的西元一七八八年，她就曾寫了一篇強而有力的廢奴主義論文，題為〈對黑人的反思〉（*Réflexions sur les hommes négres*），她與許多革命思想家一同譴責法國殖民領土上的奴隸制度，也特別以加勒比地區的聖多明哥，即今日的海地共和國為例子，古熱認為並提倡世界各地的男人都是平等的，因此也認為廢除奴隸制是能激勵奴隸人口爭取獨立的一個主要方式。同時也撰寫相關劇作，在法蘭西喜劇院上映關於廢除奴隸制的戲劇。

在那個女性地位被限縮的年代，古熱主要能發聲的機會，就是以這個男性風格的筆名在報章上刊載評論，或是在沙龍內部針砭時事，但隨著革命的餘韻導致法國社會政治動盪不安，在上位者處事手段更為激進極端，導致上層階級以及沙龍會談的影響力削弱，早期的思想改革家們在那時候倘若出頭發言，可能就會被殺雞儆猴的送上斷頭台，古熱也是如此。

她在一七九三年所發表的一篇文章導致她被捕，文中宣揚了三種不同的政府形式中進行公民投票的方式：單一共和國，聯邦制政府，以及君主立憲制。問題在於，當時巴黎恐怖統治期間的革命法規定任何人出版鼓勵重建君主制度的書或小冊子都是唯一死刑，就因為提到了君主立憲制，執政方終於逮到了小辮子，古熱被逮補，被送上了那個赫赫有名的斷頭台。

根據後人所編撰的古熱傳記中，有一位不具名的巴黎人描繪了古熱生命中的最後時刻：

昨天晚上七點鐘，一位名叫奧林匹亞．德．古熱，擁有文人墨客頭銜的非凡人物被帶到了腳手架上，而整個巴黎在欣賞她的美麗的同時，都知曉她的學識及風範……她走近腳手架，平靜安詳的神情，縱使斷頭台的怒火將她逼到這個受刑之地，我必須承認這樣的勇氣和美麗我從未見過……

那位女人……全身心地投入到大革命之中，但很快意識到雅各賓派所實行的制度有多麼殘暴，她試圖經由她的劇作和文學創作揭開惡棍的面紗，而他們（也就是雅各賓派恐怖統治執政方）事實上從未接納過她。

與她同時代的思想家，都沒有如她一般廣泛地發表關於時事的文章，並且如此大膽地嘗試將民主原則擴展到女性，同時明確地將公共和私人領域聯繫起來，甚至提出了非婚姻伴侶關係的議題。

奧林匹亞・德・古熱（1748-1793）

1935 年埃德蒙德・羅斯柴爾德（Edmond de Rothschild）贈與法國巴黎羅浮宮館藏，1793 年。

在此將她宣言中一句將平權寫得既哀傷又切題的句子記錄下來：

女人有登上腳手架的權利；她也必須有登上講台的權利。

大革命小劇場

愛國女子俱樂部

瑪麗安決定把私房庫藏的一些些銀兩捐獻出來給國家還債。羅蘭認真地讀著政府公報，解讀政策時事給大夥兒聽，增加一些女子們能做到的事。

聚集在這個俱樂部的女性們，一開始是一些走在時代尖端的女性藝術家或男性藝術家的妻子女兒，漸漸地，女裁縫師、刺繡師、或是小販商家的女孩、甚至是女工階級都加入了這個俱樂部中。

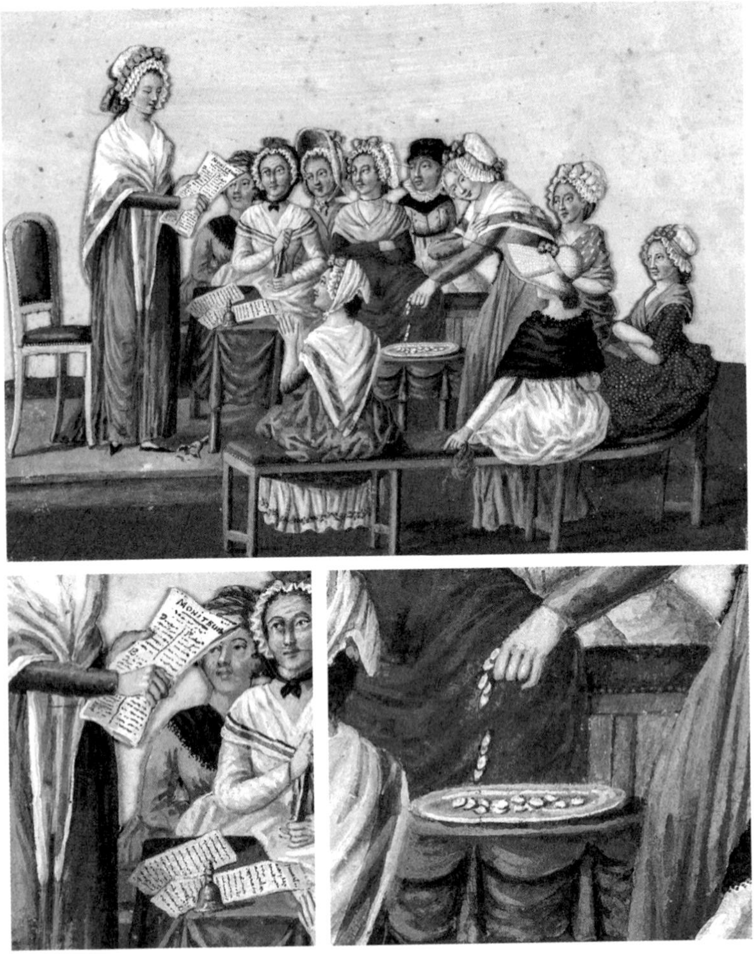

法國大革命愛國社團的婦女們

讓－巴蒂斯特・勒蘇爾（Jean-Baptiste Lesueur），法國巴黎卡納瓦雷博物館館藏，1791 年。

當時代的女性們對革命抱有很大期望，通過請願及書信來表達她們生活中的需求。她們的請求大多與日常會面臨到的生活問題較為息息相關：如缺乏受教育機會，分娩時的死亡率，無權利自主進行商業交易行為，婦女時常面臨暴力對待等。反而是關於性別平權等政治權利主張則較少見，畢竟她們還無法有閒暇意識到其重要性，不過，這已是近代女子主體意識抬頭的起源開端。畢竟，終於在革命的曙光中發覺生為女性也可以藉機有所求。

繪製於西元一七八九年的歡愉之家手稿

嗨！大家今天過得好嗎？

歡迎來到偉大的貴族建築師克勞德．尼古拉．樂度（Claude Nicolas Ledoux）為了新潮的男男女女所設計的「歡愉之家」。

在法國君主政治動盪的末期，自由資產階級出現，新古典主義誕生，建築師樂度也決定擺脫自身的貴族思維，加入潮流革命的行列，而新潮的思維也逐漸地擴散到年輕人的生活當中。

話不多說，我們就讓建築師樂度本人為大家導覽解說吧！

樂度：

「我設計了心目中的烏托邦——『青年聖殿』，是一所複合式教育機構，其中的「歡愉之家」是專門設計給就讀青年男女透過實際性愛體驗來接受性教育的場所，左圖外觀如男性生殖器的建築內部為一間間並排且沒有窗戶能夠保有隱私，只有透氣天窗的房間，讓有前瞻性的革命青年男女在其中探索與學習（性愛）新知。

『歡愉之家』建築物本身雖滿腹情慾暗示，但我在設計上讓整體的『青年聖殿』有著冷靜的主軸；若讓青年男女能在此『歡愉之家』好好的釋放情慾，社會就能因此再次重新建構新秩序，革命也能因此成功，何樂而不為呢？你們說，是吧？」

教堂內的女子會

甲：「雖然我等等需要回家洗衣服，但我支持女人還是擁有人人生而平等的自由權利的！就像我們現在能擁有這個辯論會一樣！」

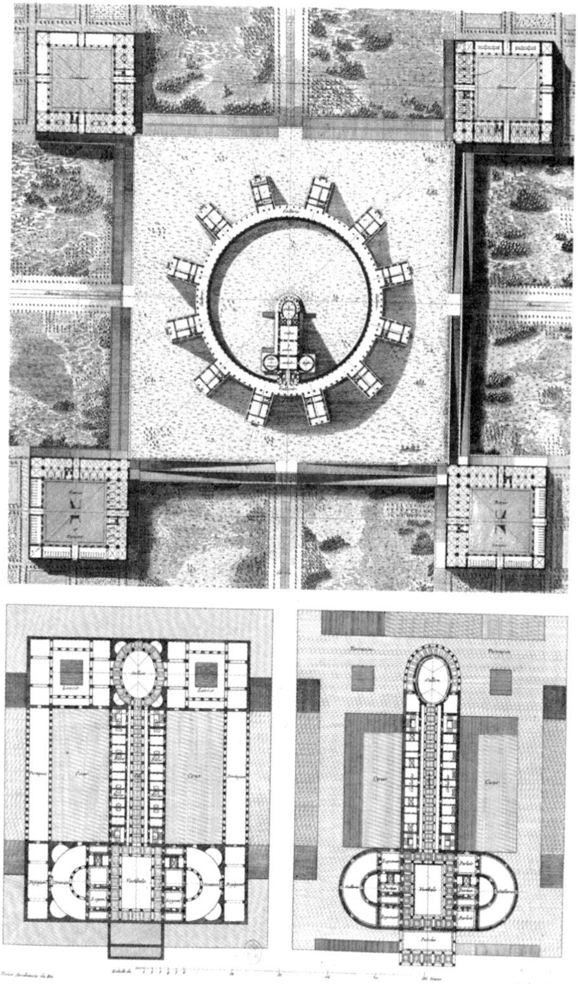

歡愉之家「Oikema」建築設計圖

克洛德．尼古拉．樂度，法國國家圖書館館藏，1789年。

乙：「可是我們結婚之後娘家給的嫁妝財產到現在還是屬於先生的所有物啊，想要花錢都還要請示老公呢！」

甲：「傻女孩！要懂得存私房錢啊！」

看到那高掛在國旗上的紅色自由之帽了嗎？革命總是需要些凝聚共識及人心的標誌物，女人們的命雖然像是物品一樣被掌握在男人手中，不過這些標誌物不僅僅鼓舞了女人也影響了男人。

革命女神

瑪莉安娜（Marianne）：「Bonjour à tous！我是法國浪漫派主義大師歐仁．德拉克洛瓦（Eugène Delacroix）版本的瑪莉安娜，出生於西元一八三〇年的法國巴黎，長年定居於羅浮宮，據說我被稱為自由與理性的代言人，是象徵『共和國』勝利的唯一指標！」

「在大革命時期的愛國女子俱樂部中，有時會看到女子們帶著紅色的小帽，或是在紅白藍旗幟旁順手掛著一頂弗里吉亞紅色小帽帽（Bonnet phrygien），這也是傳說中我衣櫃中的必備時尚配件——自由之帽。偷偷說，連西元一七九三年被送上斷頭台的國王路易十六也曾趕流行戴過呢！」

路易十六：「……」

凡爾賽女子大遊行

時間：10:00 A.M.

地點：巴黎聖安托萬市郊路（Rue du Faubourg-Saint-Antoine）的早市

A：「我的老天啊！這個麵包的價格也太貴了吧！我家那位工作一星期都不夠買全家三天的食物啊！」

B：「政府在搞什麼！國王皇后居然還在那邊開趴！完全不把我們老百姓的苦

自由領導人民

歐仁．德拉克洛瓦，法國巴黎羅浮宮館藏，1830 年。

教堂中的愛國女子俱樂部
些希侑（Chérieux），
法國國家圖書館（Bibliothèque nationale de France）
館藏，1793 年。

法國國王路易十六帶著弗里吉亞帽
美國華盛頓特區國會圖書館（Library of Congress）館藏，1792 年。

前進凡爾賽！前進凡爾賽！

[1789/10/5]

法國國家圖書館版畫及攝影部門館藏，18 世紀末。

痛放在心上！」

C：「好餓啊，這個月都沒吃飽，連我的孩子都要瘦成皮包骨了……」

D：「咳咳，你們年輕的菜刀都拿著！我們一起去凡爾賽宮找國王皇后評評理！」

A、B、C、D：「我們要麵包！前進凡爾賽！我們要麵包！殺去凡爾賽！」

就這樣，近現代歷史上第一場女性專屬的遊行，法國大革命爆發的決定性時刻就在這個瞬間開啟了。

（偽）不具名巴黎市府員工日誌，寫於西元一七八九年十月五日

巴黎市政廳（Hôtel de Ville）

今日，天氣晴。

我上班的地方被蜂擁而入的女人們洗劫了，聽說他們是早上買完菜忽然一個情

緒炸裂就從巴黎各大菜市場出發集合來了我們市政廳說要去找國王找個公道。

但，國王不在這啊，他今日在凡爾賽宮宴請皇室貴族討論國事順便開趴呢！有一個超會煽動家庭主婦的女子，在市政廳大門熱情的演說，漸漸地，居然有超過七百位女人同時出現在大門外！這怎麼能讓人忍受！該不會我娘也藏身其中吧……

接著，這群無法阻擋的女人們，闖進市政廳洗劫了一千七百把火槍和四座大火砲（excuse-me?），然後看似心滿意足地真的準備前進凡爾賽宮找國王皇后評理了。

願一切平安，明天順利上班，阿門。

#市政廳小職員不外流的日記手稿（偽）

二十一位女性捐贈的愛國禮物

西元一七八九年九月七日，共有十一名藝術家女性出現在國民議會的議員面前，表現出無私的姿態，向國家捐贈了一個裝滿著珠寶的禮盒。其中有些人是藝術家的妻子或女兒，她們都有著安穩富足跟舒適的生活環境，並住在羅浮宮附近，基於愛

法國大革命中的比利時歌手，演說家（Anne-Josèphe Théroigne de Méricourt）
奧古斯特·拉菲（Auguste Raffet），法國國家圖書館館藏，1817 年。

遊行婦女在行進往凡爾賽的路上受到圍觀者的歡呼
奧古斯丁·夏勒梅爾（Augustin Challamel），
《法蘭西共和國博物館的歷史，從顯貴會議時期到帝國時期》
（Histoire-musée de la république Française, depuis l'assemblée des notables），1842 年。

國的胸懷情操以及人文藝術理想將她們聚集在一起。

這些隸屬於藝術家團體的女子表明了他們為幫助償還公共債務作出貢獻的願望，並表達著他們對革命事業的支持。其中捐助者共有二十一人，但其中十人或多或少因家庭阻擋的緣故未能出席此大會。

這是第一次官方正式記錄的女性團體對於革命支持的公開展演，至此之後，百花綻放，各地皆開始有了或年長或年少的女性加入了明面上爭取國家自由，私心希望女子也能擁有話語權的公民政治活動。

而至此之後呢？

貢獻私房錢給國家的女人們

由巴黎出版商雅克．弗朗索瓦．謝侯（Jacque François Chéreau）出版，法國巴黎大皇宮（Grand Palais）館藏，1789 年。

法國女人終於可以合法穿褲子的西元二〇一三年

法國女人們開始會在外穿著褲裝這件跨時代的前衛打扮，始於法國大革命爆發前期，無論男人女人在那個時代都有著暴走的思想跟作為，而女人的聰明幹練跟有所作為也在那個時刻開始顯現（各類故事請見「法國大革命中的女子們」專題）

而也許是因為大革命時期法國女人們的嶄露頭角，被視為真正國家公民的男人們有了些緊張參雜著自大、不屑一顧的情緒，而讓女人的功名地位在拿破崙執政後被隱藏，並且開始進行了各種法律上的規矩禮儀限制——一言以概括，女人在律法上的地位轉變成更極端地只是男人的所有物品之一，未婚前屬於爸爸的，結婚後屬於老公的，若爸爸早死，那婚前就屬於舅舅或叔叔的。

西元一七九九年，距離法國大革命十年之後的霧月政變（Coup d'État du 18 Brumaire），讓拿破崙自此崛起，並且頒布《法國民法典》（*Code Civil des Français*，西元一八〇四年），同時也開始有了這麼一條法律「任何希望以男人身分裝扮的女子都必須去警察廳獲取批准。」，該法條首先旨在「透過防止女人裝扮成男人，得以更完善地限制女人從事某些職能或行業」。而所謂的打扮成男人的樣子，就是穿著褲裝。

有沒有例外呢？有的，你可以拿著醫生處方簽去警察廳登記變裝許可證(Permission de travestissement)，承認自己是一個變裝癖的女子，這樣你可以穿著你心愛的褲裝，但可能你這輩子也不用嫁人了，家族也會因為你而被指指點點。

到了西元一八九二年和一九〇九年，持續放寬了兩個條件，聽起來很偉大是吧！不，這兩個可以穿褲子的條件分別只是：

一、如果女人的腳踩在腳踏車的踏板上

二、如果女人的手握在腳踏車的握把上和馬的韁繩上。

在上述這兩個狀態下，那麼偉哉法蘭西共和國就會允許妳穿褲子。

從西元一八〇〇年開啟的法令中我們提到「變裝許可證」這張紙，唯有巴黎的警察廳本部得以授權女性打扮成男人。

當時的巴黎警察廳廳長說：

「我堅信除了健康原因，不可能有女人願意改變她的性向習慣。」

「我們禁止女性濫用變裝男性的身分來篡奪男性地位和犯罪。」

這個變裝許可證跟居留證一樣有時間限制，每六個月必須重回警察廳再次遞交申請書。

讓我們將目光放到十九世紀極具影響力，身兼小說家、文學評論家、劇作家、

維多利亞時代的騎馬女子，1873 年。

女扮男裝的喬治・桑和亨利・德・拉圖

保羅・加瓦尼（Paul Gavarni），法國拉沙特爾，喬治・桑博物館館藏，1831 年。

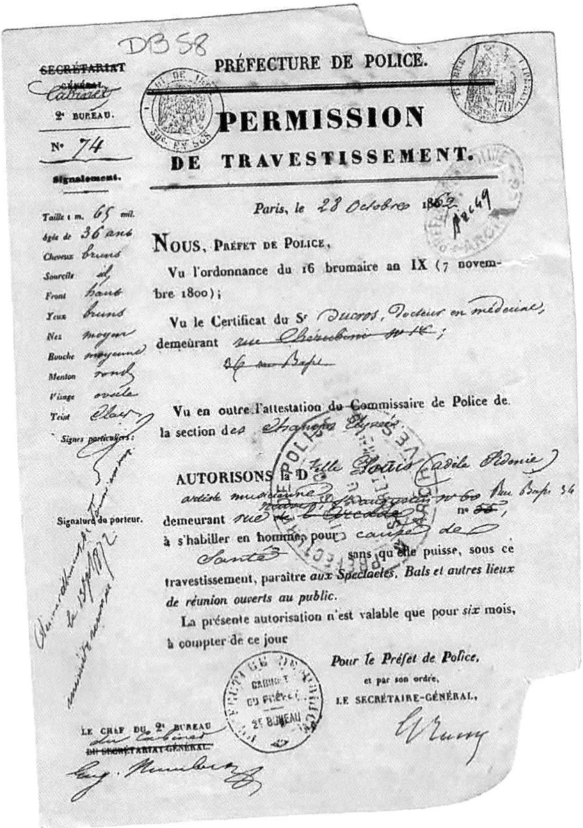
SECRÉTARIAT GÉNÉRAL Cabinet
2e BUREAU.
N° 74
Signalement.
Taille 1 m. 65 mil.
Âgée de 36 ans
Cheveux bruns
Sourcils id
Front haut
Yeux bruns
Nez moyen
Bouche moyenne
Menton rond
Visage ovale
Teint clair
Signes particuliers :
Signature du porteur.

PRÉFECTURE DE POLICE.
PERMISSION
DE TRAVESTISSEMENT.
Paris, le 28 Octobre 1862.
NOUS, PRÉFET DE POLICE,
Vu l'ordonnance du 16 brumaire an IX (7 novembre 1800);
Vu le Certificat du Sr Ducros, Docteur en médecine, demeurant ~~rue Chérubini n° 10~~ ;
Vu en outre l'attestation du Commissaire de Police de la section des Champs Elysées
AUTORISONS la Dlle Louis (Adèle Sidonie)
demeurant n°
à s'habiller en homme pour cause de Santé sans qu'elle puisse, sous ce travestissement, paraître *aux Spectacles, Bals et autres lieux de réunion ouverts au public.*
La présente autorisation n'est valable que pour *six* mois, à compter de ce jour
Pour le Préfet de Police,
et par son ordre,
LE SECRÉTAIRE-GÉNÉRAL,
LE CHEF DU 2e BUREAU du Cabinet ~~DU SECRÉTARIAT-GÉNÉRAL~~

巴黎警察廳長授予
阿黛爾．西多尼．路易斯變裝許可證，
西元 1862 年 10 月 28 日。
（Permission de travestissement accordée par le préfet de police de Paris à Adèle Sidonie Louis le 28 Octobre 1862.）

政治作家和報紙撰稿人集一身的喬治．桑（Georges Sand）。她以男性的筆名走跳江湖，以男性的身分出入公共場所，曾結婚又離婚，育有三個小孩並且傳說中和鋼琴家蕭邦有過一段虐戀情深的過去。

據說，喬治．桑在巴黎時從未理會這個法規，被抓到警局那再出來就好了，而以她當時的社會地位和名望人士中的崇高聲望，喬治．桑是極少數（個位數數得出來的）能（驚世駭俗地）穿著褲子出席晚會、歌劇院、男人才準許出席的酒吧或研討會的女子。

那麼，是否只能從如此高地位階層的女子先行覺醒並挑戰權威，法國女人才能從中突破呢？

你我也許心中已都有答案。

西元十五世紀時，有一名女子，名叫貞德，最終被捕並處以火刑的第一階段罪狀中，有一條指出她違反《聖經》上的規定：穿著男性的服飾。她在西元一九二〇年時被教宗本篤十五世封為聖女，也就是我們頗認識的那位聖女貞德。

事實上在之後的法國波旁王朝時期，也就是西元十六世紀到西元一七八九年法國大革命之間，巴黎並沒有所謂的禁止女性穿褲裝的法律罰則，《聖經》是有其規矩，但實務上，貴族的少女女扮男裝出去闖蕩的故事，或是在自家庭園穿著來自波斯的薄紗燈籠褲悠哉曬著日光浴等情景，其實時有所聞並不稀奇。

重點就是我們本篇開頭所提到的西元一八〇四年的法令，讓法國女子們或多或少喪失了穿著的自由。西元一九三二年好萊塢著名女星瑪琳．黛德蓮（Marlene Dietrich）也曾因穿著褲裝在巴黎街頭行走，被一時興起的巴黎警察抓到警察局。也因此現在看到巴黎的這一代老太太們，大多也都是穿著裙裝拄著拐杖在路上閒逛呢。

雖然在二戰後，女性地位提升，並且在之前由可可．香奈兒身著褲裝創造出自身時尚的經典地位，這條法令也進而逐漸轉變成死法。但事實上在這條法令現世二百零八年後的西元二〇一二年，法國婦女權利部才終於提出異議，並於西元二〇一三年一月三十一日的參議院提出廢止這條法令的消息：

「該法令不符合法國憲法一九四六年的《憲法》序言，和《憲法》第一條，以及《歐洲公約》所明載的男女平等原則及人權，由於此種不兼容性，我們將此法條予以廢除。」

瑪琳·黛德麗
身著男性西裝在巴黎香榭大道上現身，
1933 年。

下圖中的女性是位於法國西部濱海夏朗德省中一個市鎮的女性著褲裝圖，是自有相機以來的第一批法國女性穿著褲子的紀錄。那兒的女性，據口述歷史記載，穿褲子上教堂也不需要許可呢！（天高皇帝遠！）

是的，這個可以追溯到二個多世紀以前的法律「禁止首都女性變裝 aka 穿褲子」，因為它與《憲法》所明載的男女平等原則和法國對歐盟之承諾完全不相容，在西元二〇一三年一月的最後一個週四終於被廢除，儘管這條首都地方法令已經許久沒有實質上的被使用，但該條例從未被正式廢除，一直到那天之前，法律仍屬有效。

法國西部濱海市鎮穿褲子的農家女孩。

早在十九世紀末期，西元一八八七年，法國女權主義先鋒瑪麗．羅斯．阿斯蒂．德．瓦爾薩耶（Marie-Rose Astié de Valsayre）就試圖提倡廢除這項法律，在被拒絕「允許變裝」後，她要求議會代表，也就是那個純男人的政府團體「取消禁止女性穿男裝的常規法律，穿著褲裝，女人同樣得體，並且毫無疑問的更衛生」，而當時只招來議員和記者們的嘲笑和蔑視。

而在四十多年後，也就是西元一九三〇年，女性運動員維奧萊特·莫里斯（Violette Morris）還曾因為這項法令被法國女子體育聯合會除名。她的罪行是什麼呢？真的很荒謬，但是有法可依循，就僅是因為她在公共場合著褲裝。

中世紀黑暗時期的淑女生活

中世紀，又被稱作黑暗時期，乍聽之下比起承先啟後的文藝復興和緬懷古典情懷的古希臘羅馬時期就是差了那麼一點，感覺特別的不文明不理智不美好。本章節，就是為了打破大家的刻板印象而誕生的。

在歐洲，中世紀時期，是由宗教或是說由教會所掌控的長達一千年之時期，那個赫赫有名的十字軍東征，圓桌武士都是在這個時候發生的。

不過，本章我們僅僅專注於中世紀女人們的日常生活，透過這些微小的日常細節讓大家察覺，中世紀，不像人們所說的，是一個那麼黑暗晦澀的時代，並且從中來窺探歐洲中世紀人們的世界架構。

雙重標準這個概念，貫穿了人類的歷史，在中世紀，偉大的教會極度譴責化妝，認為化妝這個行為是妓女專用。中世紀神學家德爾圖良（Tertullian）說過：「自然的東西是上帝的工作，人為的東西是魔鬼的工作。」

但，既然這邊都說是雙重標準了，善良美好的天主教徒女孩兒當然還是可以在自己臉上做些工夫，好教徒可以使用我們現在知道會導致慢性中毒，由鉛所製作而成的白粉，均勻塗抹在臉上，使她們的臉變得粉白粉嫩，並且會用水果和鮮花研磨製成的紅色粉末使她們的嘴唇和臉頰變紅潤，也就是所謂的腮紅與唇蜜，可以讓好女孩變得氣色更美，讓已婚少婦更像是依然有著童貞女孩兒般的年輕美麗。

因為粉白所以純潔。

這是當時訂定貞潔女子的準則。

你們說，這不是雙重標準，什麼是雙重標準？

而中世紀女性作為家庭生活的主要角色，也會在我們感到意料之外的地方行使權力。在十字軍東征期間，女人們積極參與行動，我們可以得知英勇且不屈不撓的女王亞奎丹的艾莉諾（Eleanor of Aquitaine）在她英格蘭的國土上巡視，召集了名下的騎士與貴族，為第二次十字軍東征進行募捐。

同時當時的女子，與我們想像中古代軟弱且順從的妻子不同，無論是單身還是喪偶，身為一位獨立自主的中世紀女人都懂得自主管理自己的事務，並沒有其他人會介入管理或指揮她如何使用財產和資產。這個時候的女人也沒有總是像人們說的那樣呆坐在爐邊縫紉悶悶不樂，特別是上層階級的女子，她們有可能是徒步的朝聖者，有可能加入冒險行列，甚至與士兵一樣裝備齊全一同戰鬥。根據史料，女性貴族同男性一樣可以擁有指揮軍隊、決定戰爭和簽署和平條約的權利，例如十二世紀的納博訥的埃芒加德（Ermengarde de Narbonne）。她是一位十二世紀歐洲重要的政治人物，又名納博訥子爵夫人。我們在這邊稱她為埃芒加德。埃芒加德的豐功偉業族繁不及備載，約略來說，除了搓湯圓與作戰的政治長才外，她還對知識分子特別保護，我們來特別回想一下，本章節所提到的生活場景是距今一千年前的世界。

埃芒加德於西元一一三四年起從她父親手中繼承了納博訥領地，成為領主的時間長達五十年。儘管陸陸續續都有丈夫，但於歷史記載中她的丈夫們皆翻不出什麼水花，埃芒加德仍然保有身為領主最大的權力。同時，她開始戰略性地擺脫圖盧茲伯爵（Comté de Toulouse）的監護，將屬於自身領地的財產安置於法國國王的保護之下，這是一位懂得如何在作為小國國家元首，聯合大國庇護，且決定是否發動戰爭和簽署國際條約等決策之女領主，服從和追隨她的臣民眾多。

埃芒加德會參與法院的仲裁以及調解委員會，並且對傳播及保存知識的吟遊詩人、律師以及醫生加以保護，善用自己的地位去調動跟聘用這些人才，同時設立了吟遊詩人的詩歌協會，旨在以手抄本典籍的形式保存那些口耳相傳的詩歌。當然，這位女士同時擁有著炙熱勇敢且聰慧的心，在獨身或非獨身的狀態下，履行職責，在到處談戀愛的同時，成功管理著自己的領地，堪稱為一位成功的中世紀領主。

那麼，不說如此在上位者的女子事蹟，根據紀錄，在中世紀時期，同樣有著從事金屬加工年輕喪偶因而繼承家業的女工匠，以及因為丈夫宗教腦跑去十字軍東征而一肩扛起家族事業的食品貿易女商人。相較於爾後的年代，性別相對平等的概念散布在中世紀時期的歐洲。連修道院都比我們之前所提到那十八世紀貴族千金小姐的修道院少女時期寬鬆許多，也因此可以看到關於貓咪叼著小雞雞，修女手拿一條魚，追著貓咪想要跟貓咪交換的手抄本插圖（p.94）。

在十字軍東征將近二百年戰爭期間，當女人們的丈夫自豪地戰鬥時，她們之中的某些人物被證明是傑出的女商人，然而，隨著時間的推移，男性開始感受到女性日益強大的力量威脅，原來女人在沒有了男人在外工作之後還能活得更精采自在，因此，在西元一三一七年二月的議會大會之時，男人們援引薩利克法（Salic Law）將女人從公共舞台上驅離。

許多中世紀的職業婦女在死後署名將自己的財產捐贈或遺贈給教會，更加損害了家中男人們的血統和利益。對此，家庭中的男人在幾個世紀以來越來越堅定地推動立法，好加強自身對家庭的監護權和限制賦予婦女的財產及繼承權。這是一個還沒有女權主義的世代，不過卻是女性權利在歷史長流中相對高的一個時代。

愛的準則

在十二世紀的法國以及周邊國家，有一本探討關於愛情的論文流傳在識字階級，也就是流行於各個皇室領地宮廷的女子之中，同時吟遊詩人也會擷取合適的片段編曲吟唱。

這本以拉丁文撰寫的論文叫做《關於愛的準則》，又稱為《論愛情》（De Amore）是安德里亞斯．卡佩拉努斯（Andreas Capellanus）教士為法國宮廷中的小公主，國王路易七世（Louis VII le jeune）的女兒要求請託所創作的。我們甚至可以浮誇的說：「這部作品反映出歐洲中世紀偉大時代思想，它闡釋了中世紀文明的某些祕密。」

在這邊，擷取一些可愛有趣的章節，供大家賞析：

例如，在第一卷〈愛情是什麼？〉之中，開宗明義簡單地分析了愛情是什麼？接著運用九段不同的對話來闡述愛情的各種形式，這九段分別由不同生活階級的男女擔綱主要角色，從工商階級到皇室成員都有。

「人在這世上可以擁有什麼？對於每個人來說，生命都會面臨許多風險，正如我們看到不斷追求選擇愛情自由的愛好者一樣？因為他們不懼怕死亡的威脅。」

「宮廷中的貴族男女只能將愛留在中上階級。貴族男人應該避開有魅力的農家女孩，否則，你將被不合時宜的蠻力擁抱。」

在第二卷的標題〈愛情可以如何維持？愛情為什麼會消失？愛情如何結束？〉，提出了關於愛情的大哉問！

「婚姻不是不愛的真正藉口。」

「男孩到了成熟的年齡才懂得去愛。」

「任何人都不應被剝奪愛。」

「公開的愛很少能持久。」

「戀愛中的男人總是忐忑不安。」

「一個好情人總是會不停地想著他所愛的人。」

「年齡是一種障礙，無論男人女人，倘若能活到年過六十之後，可能會選擇獨身，因為他們的身體開始失去氣力和能量，各種麻煩疾病埋伏周遭，因而喪失對愛的追求及樂趣。」

來到了看起來是專門寫給男子看的第三卷〈拒絕愛情〉，是很有趣地以極短的篇幅來告誡天生會本能地到處追求女孩子的男孩們，女人有多醜陋，告誡各位男人需要懂得克制自己，用腦思考。

「女人說的一切都是為了欺騙你。」

「她們瘋狂的貪婪，為了食物什麼都願意做，意志薄弱，容易被錯誤的推理左右。」

「充滿誹謗的嫉妒和仇恨。」

「酒鬼，大嘴巴和八卦，不忠於愛情，不聽話，虛榮。」

「嫉妒所有其他女人的美麗，甚至是她自己女兒的。」

第三卷中在描述完關於女人的惡行惡狀之後，得出一個結論，對愛情的節制——禁慾，是最高道德的首選，表面上。

為什麼說是表面上呢？因為在第三卷中，還提到「修女是所有女人之中最容易被勾引的類別」，同時大大譴責這些會去勾引修女的男人，會去勾引修女的男人是「令人作嘔的動物」，但還特別提及教會修士及牧師並不包含在這個被警告的範疇之內，這其中的內涵值得讓我們細細思索這樣。

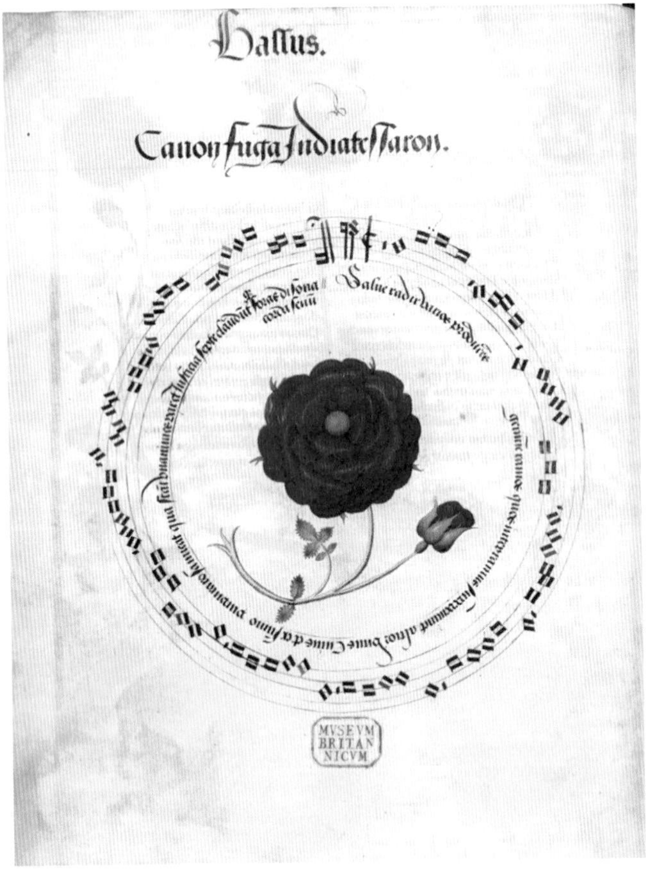

中世紀的紅玫瑰（拉丁文四行詩詩歌樂譜手稿）

班奈狄克特．奧皮蒂斯（Benedictus de Optiis），英國大英博物館館藏，1516 年。

《馬內塞古抄本》（*Codex Manesse*）偉大的海德堡抒情詩手稿，
德國中世紀宮廷抒情詩人 Altstetten 的康拉德的畫像
德國海德堡大學圖書館（Heidelberg University Library）館藏，1310—1340 年。

選擇守寡，意味著得到完全的自由

在中世紀時期，一個女人一旦成為了寡婦，就能在家族中佔有特殊的地位。它不再受家庭中任何男人的控制，甚至享有一定的財務自主權。也可以這樣說，一位出生尊貴的女子，一生最自由的時刻就是在孩童和少女時期，以及喪偶後決定守寡的那一刻之後。

生為一個家庭裡的母親角色，她終於擺脫了丈夫，能對圍繞在家族周圍的人行使出自己真正的權力，並且能被家中男性也就是兒子們尊重。同時她也成為了在家族中被關注、被尊重、被徵求意見的角色。

除了締結婚姻時從原生家族帶來的嫁妝，從丈夫去世那天開始，她便享有絕對的財務自主權，包含當初她結婚時法律授予她的婚姻遺產份額。身為一位中世紀的貴族女人，從一開始與丈夫締結婚姻後，在她丈夫的控制下，必須拿自己的嫁妝去支付各種家庭開銷，尤其是對窮人的施捨以及給予教會的捐贈，這兩項是中世紀上層階級社會男女的重要開支。而這種不成文的支付在守寡後，即可以自行選擇要或不要，變得完全自由奔放，財務自由。

雖然中世紀的婚姻狀況跟現在的選項差不多，女人可以選擇獨身或拒絕配偶，這種狀況並不算常見，不過還是保留這種可能性，基本上能有這些決定權的女子，都是生活優裕的上層精英階級。

因此，我們有機會看到生有三個小孩，不到二十歲丈夫就因戰去世的女子，就算擁有許多的追求者，以及來自家族的壓力，但她還是可以選擇自己認為適合的方式生活，可以選擇熱衷於談戀愛，但拒絕再婚，也因此在自己的家中就能夠享有上述所提及的那種擁有最自由的生活權利。我們也可以探訪到堅持獨身的中世紀女子，受家庭影響從小就對上帝無比虔誠，拒絕了各個領主富二代的追求，覺得太煩了，乾脆直接創立一間女子修道院，在那邊自由舒爽的過著單身生活直到終老。

V 饗食品味篇

——聽說勇者才有資格吃孔雀？

中世紀的一日生活圈

所謂的中世紀，這個從西元五世紀到十五世紀長達一千年的中世紀時期到底是什麼樣的一個年代呢？

在中世紀中期之後的這幾百年間，也許會跟我們一直以來想像中的認知不太一樣，中世紀的人們實際上都吃些什麼呢？其實，這是一個人人有肉吃，敞開著肚皮大口吃肉的年代。那時候歐洲家家戶戶的廚房案上都堆滿了肉，其盛況就跟現代的我們隨時都有炸雞可以吃的狀態一樣。

這樣的情景直到十六世紀末期後，因為歐洲境內宗教戰爭和氣候變化的緣故才開始轉變，肉食逐漸減少，饑荒出現了。

我們可以這樣說：歐洲的屠宰業已有超過千年以上的歷史。再加上中世紀人口不多，整個歐洲又有大片的土地空著可用於放養牲畜，所以肉類是當時不會欠缺的主食。

當然就算是以肉類為主食，肉在貴族和農民的飯桌上都很常見，不過烹飪方法那可是截然不同的。平民家中的肉類菜色會以長期保存的醃製肉類為主，並且會很少量的使用蜂蜜跟鹽來調味，而那些甚至無法負擔任何香料的平民家庭，會使用當地鄉村風味的草藥，例如歐芹、蔥、洋蔥、馬鬱蘭、茴香和大蒜等一同放入醃製陶罐中儲存以增加風味。

那若是領主貴族家中的廚房，我們可以知道會有從遠東運送過來的珍貴香料如胡椒、肉桂以及蔬果配料，並且廚師會有著不同的配方菜單以因應不同季節的需求。

還有一個重要的主食，那就是麵包！當時的麵包也是有階級制度的，可以如何簡易的分類呢？就是用大麥或黑麥這類較容易從貧瘠的土壤和惡劣氣候下生長所製作的粗糙麵包，也就是今日我們覺得比較健康帶一點酸味黑黑硬硬的麵包是平民才消費得起的，或是還有種將不同類型的穀物組成，純度和精製程度較低的平民麵餅，再不然他們會去家附近的森林中採集野生蘑菇跟栗子來食用。

當時人們認為營養價值最高最精緻，當然售價也最高的麵包是由小麥製成，小麥相較其他穀物事實上更難研磨，其中特別篩過二或三次麵粉所烘焙出的優質麵包為貴族們所享用，我們可以直接這樣分辨，麵包越白嫩價格越貴地位也越崇高啊！

在爾後的兩個篇章，我們會圍繞在中世紀領主貴族家的餐桌，那在這之前，先來些微踏入領主治下的領民們——中世紀老百姓的家庭生活看看。

先從中世紀領主這個我們聽起來有點虛無飄渺的名詞開始說起，在羅馬帝國結束之後，進入了長達一千年的中世紀時期，這代表著首都，或應該說是各個歐洲大都市的式微，整體歐洲走向閉鎖式的土地支配時代，除了原本就身為古代希臘羅馬統治者的後裔貴族們生活在都市中，身為中世紀各個領土的統治者則是在所謂的農村生活。

那麼，身為一個擁有一大片農村土地的領主，想必就會有一個屬於自己居住的城堡，而為了避免比較愛爭奪別人家土地的其他領主過來弄自己，就會在自己的領土邊緣建立城郭這種只有一個聯外道路，利用自然地形所設立的城牆。中世紀的領主們所居住的城堡基本上都是以軍事性能為第一優先考量，畢竟領主們就像是中國清朝末期的軍閥，通常都處於備戰狀態，在野外自己的土地上過著訓練武士軍隊，以及大口喝酒吃肉的狩獵日子，也就是圓桌武士的那個年代，這城郭裡面還有著臣服於領主大人，而被賜予土地並且同時授命管理莊園的騎士們的住所，離領主的大城樓有點距離的莊園住宅。

這個莊園住宅，就是那些督促領民繳交稅金以及保衛領土，跟著狩獵的騎士們和領主大人的家族其他成員以及家臣的住處，同時也是領主大人進行領地內老百姓們紛爭裁判的場所。

那麼領主大人的領民老百姓們所居住的地方在哪兒呢?他們絕大部分都是農民，他們工作的農地會在城郭的外圍地區，只要戰爭發生，農民們遇到危急之時刻，就會躲入由城郭保護的城內，隨著時間流逝，城郭作為保護農村社會老百姓性命的基礎設施，越建越多越蓋越大，並且原本生活在周遭外圍的領地農民老百姓們也漸漸移居到城郭內。

一個普通的中世紀農民家庭大致上會是什麼樣的生活情景呢?也許在一棟面積大約在三十到四十平方公尺的木造房子旁養了幾頭母牛兩隻豬三隻羊和一窩雞，家中大概就是一房一廳的配置，客廳與寢室。客廳，同時是烹煮食物的所在，取暖的爐火等同於烹飪食物的爐火，同時也是擺放餐桌的位置。餐桌上，一直會有的食材，大致上就是取自於家中財產母牛所產出的牛乳和黑麵包，有時候會有一些豬肉培根，有時候會有幾顆蛋。

中世紀的領主大人，是領地內的最高權力者，那麼身為領民的中世紀老百姓之職責，就是繳納有形稅賦，以及在非農忙時做些有關於城郭的維護修繕勞役工作，還有就是在保衛領士的戰爭時期負責照顧領主麾下騎士們的生活起居，對一位好的領主大人而言，農民是領地中非常珍貴且重要的存在！保護好我的老百姓，整個領地都有錢賺有肉吃有節慶！當然，這是理想值，相反的，那種沉重租稅負擔導致農民起義罷工向領主要求減輕賦稅降低生活負擔的記載也是隨手可見。

VVIP專屬的孔雀盛宴

來到了中世紀後期，歐洲的各領地之領主大人們盛行一種頂級VVIP客人才吃得到的菜色「永生的象徵——孔雀」（一個長生不老肉的概念）。

就讓我們以p.226這幅關於孔雀誓言的畫，來帶領大家進入中世紀法國勃艮第公爵家的晚宴。畫作呈現了一次盛宴，那是當時最為豪華奢侈的貴族式用餐場面，也就是不常見不平凡因此會被記錄在案流傳至今。

這幅作品現存於巴黎小皇宮（Petit Palais），是西元一五六七年由勃艮第公爵贊助的手抄書《亞歷山大羅曼史》（*Alexander Romance*）中的一頁，這套手抄書共五冊繪有二百四十五頁精緻場景，是繪製在牛皮紙上的手稿，以紅色的摩洛哥山羊皮裝訂，點綴金箔紋飾，是一套長四十公分寬三十公分的精緻手抄本。題外話，手抄本是指在印刷術尚未發明之前，歐洲從十五世紀中期開始，所有書籍的製作方式，用人手抄寫於莎草紙或羊皮上繪製出的精美書籍，流傳範圍僅限於當時極少數識字的王公貴族和教堂之間。

勃根地宮廷作家讓．沃克林（Jean Wauquelin）受十四世紀法國詩歌的啟發，以俠義小說的方式敘述了西元前三百多年的古希臘時期，一生從未戰敗過的馬其頓國王亞歷山大大帝的功勳，以亞歷山大大帝歷險記為名，非常豐富地描繪了法國十五世紀勃根地宮廷中的日常生活。

法語詩歌〈孔雀誓言〉（*The Voeux du Paon*），或可以翻譯成〈孔雀的祝福〉，是最晚於西元一三一三年時所創作的詩歌，屬於廣義上的《亞歷山大羅曼史》的一部分。簡單來說，就是一群對亞歷山大大帝忠貞無比的男男女女在不同的孔雀盛宴上對著也許還活著的孔雀，又也許已經被烹煮裝飾過後的熟食孔雀發誓，立下一些

手抄書《亞歷山大羅曼史》中的描繪孔雀盛宴的畫面
讓・沃克林（Jean Wauquelin），
法國巴黎小皇宮美術館館藏，1467 年

勇敢的誓言，因此孔雀在這首詩歌中也多次被提及為勇者的肉。

那麼回到畫作本身，畫面中描繪了某一日宴會的場景。當時的餐桌是木板加上桌腳的多用途層架，可以根據主人宴客的需要，方便自由組裝和拆卸，用餐時會覆蓋上以當時來說非常華麗的純白桌巾，桌子的功能主要就是用來顯示領主的財力和權勢地位，炫耀家中昂貴難尋的杯盤器皿，吃飯當然是一件人生大事，展現了食物對於人類最重要的意義，由這幅作品我們可以得知，最早從中世紀的手抄本中我們就能發現食物畫與用餐的場景在當時也佔有一席之地。

餐桌上必備有與今日相比彷彿用水稀釋過的葡萄酒或是啤酒，加糖調味的肉類，還有整個餐廳裡會充斥著奢華象徵玫瑰水的香氣。酒杯與餐盤並不是一人一個，而是會和周圍的賓客幾人一起共享，可能會看到一塊木板製成的大砧板，或是錫製金屬做的大圓盤，上面先鋪著跟餅皮一樣薄的麵包，接著再放上燉煮的蔬果或燻烤肉類。中世紀時期的人們設想了各種水果保存方式，類似於我們的果乾果醬和罐裝蜜餞，這樣可以確保一年四季都有水果這項肉品主食旁的配料，而薄餅麵包的功用就是用來把肉汁或醬汁吸掉避免溢出來。

用餐之前，賓客們會先用裝著玫瑰水的洗手盆洗手，是的這是從中世紀就流傳至今的好習慣，但，他們會洗手的原因是因為，雙手萬能。手，也是當時的主要餐具。洗完手後，會先用共用的刀子切肉，然後有禮節的用三根手指把細碎肉塊拿起來放入口中，當然用手拿過的食物就必須吃掉，不能再放回桌上，這是餐桌禮儀。接著要吸吮乾淨滿布醬汁的手指，然後再用潔白的大桌巾有禮貌地擦拭乾淨。會看到的餐具除了有些講究的人會自備專屬小刀用於將肉切得更小塊更適合入口之外，有時候也會用到湯匙，不過湯匙不是必備品，通常餐桌上的麵包就是用來沾著菜湯搭配享用。

剛剛提到宴會上要遵循一系列明訂的餐桌禮儀，這其中包括「禁止在桌子上吐痰」，「指甲始終必須保持乾淨」，「時時刻刻記得清潔雙手」，「用手擤鼻涕後不能擦在桌子上請用自己的長袍擦拭」等等。

每個賓客面前，我們可以看到有著用來食用的圓麵包，這就是這一餐的澱粉唯一來源。在長桌的正中央有一個看起來富麗堂皇的貴金屬器皿作為裝飾，這個器皿的體積很大，通常會是用來裝著滿滿的鹽，以顯示宴客主人家的富足豪氣。

這一間看似餐廳的房間其實具有多功能性，有時會是單純的會客廳，有時會是騎士整裝的大廳，因為在中世紀時期，只有修道院才會有專門的固定餐廳，也就是修道院的食堂。

在最盛大最豪華的重要宴會裡，貴族們會在領主城堡的大廳內用餐，那麼剛剛有說過大廳是一個多功能的公共場所，因此舉辦宴會時有可能會是一個臨時搭建的高台，台上就是領主的家庭成員跟被邀請的貴客們在那兒用餐，台下就是一群聚集的來客，也就是簡稱看熱鬧看貴族正在吃什麼的人們。當然，若是基於維安考量以及更特殊的節日，領主也會將宴席設在二樓，這樣路過的鄉民就比較難看見他們用餐的情景。

然後，這幅畫的重點，也是點出這幅畫真正時序的重點就是畫面前景女主人雙手端著一隻煮熟的孔雀進入宴會廳，這是一場孔雀盛宴，也就是中世紀封建時期聖誕節期間的奢華晚宴高潮，一道頂級客人才吃得到的菜色——「永生的象徵」孔雀上菜了！

在宴會廳裡，一隻覆蓋著原有羽毛，本體已蒸煮熟透的孔雀被盛在純銀大托盤上由高貴的女主人負責端上桌；這一日在場最尊貴的客人，或是當天被選中的領地騎士長，則會起頭引領食客們開動這場饗宴。

這位帶頭引領大夥開動食用孔雀的人物，會在場立誓今年要達成某個壯舉，承諾達成最大膽非凡的願望，接著再跟與會嘉賓分食共享孔雀。

然後孔雀就這樣被吃掉惹……吃掉惹……

中世紀領主的廚房

中世紀的醫生提倡食用家禽跟野禽的肉，聲稱這些肉類更適合貴族精緻的胃，因此那些大型的鳥類成為中世紀貴族餐桌上的首選，天鵝、蒼鷺、野雉雞、白鶴，當然還有最珍貴的孔雀，加入身分地位象徵的香料混搭，就是最適合貴族們的飲食。而從西元九世紀阿拉伯人從波斯引進地中海島嶼上的甘蔗開始，糖，在中世紀的醫生口中是具有療效的，糖屬濕熱，被認為有利於消化，且因稀少珍貴而保留給因為便祕或是胃口不佳的貴族們使用。也因此，在宴會中，會將糖灑在肉和魚上調味，以示對賓客的尊重。

中世紀的廚房在領主君王的心中，其實是如同火藥庫，危險指數極高的存在：因為無論是獵戶、農家等提供當日新鮮食材的領地居民，或是為了晚宴特別外聘的廚師學徒等，基本上就是一個龍蛇雜處之地，又加上偶爾會有火災發生，因此大都會離舉辦宴會的大廳有段距離。

所以，僕從們能穩妥的端著大圓盤精準無失誤的上菜就是一門專業的學問，因此在這個時候也有了長型白布巾的問世，而這也就是現在我們在動漫中，常看到的管家執事手腕上掛著白布巾的最早由來。潔白的大長巾會在料理盛盤後放置覆蓋在菜餚上方，防止灰塵髒東西玷污料理，同時當某些料理有醬汁從大盤中溢出時可以立刻擦拭整潔。不過呢因為又得讓端菜的僕從能精準地向主人和賓客報出菜色，因此只能覆蓋住中間位置。基本上以現代功能來定義，肯定會弄髒的這條潔白的大長巾等同於保鮮膜的功用。

關於孔雀的料理，有一道作法流傳至今：

在烹煮孔雀之前，不要去拔下牠美麗的彩色羽毛；咱們用香料和香草將孔雀的內臟替換塞滿，再開始蒸煮，煮熟後，再重新將牠的皮膚連同羽毛覆蓋上去，裝飾一番，即可端上桌請貴客食用。(等等那個皮……是生的啊!!!)當然，在今日，這道做法，應該完全不符合該有的肉品消毒滅菌流程就是。

處理白天鵝也是一樣的，有時候，廚師跟學徒的時間足夠，會將天鵝肉全部絞碎成餡餅狀再重新塑形，那麼形態會更加的完美，也可以使得天鵝的皮膚羽毛更加服貼美麗。

廚房內部的天鵝大餐

大衛・特尼爾斯二世（David Teniers le Jeune），
荷蘭海牙，莫瑞泰斯皇家美術館（Mauritshuis）館藏，1644 年。

同場加映

週末夜　一起吃宵夜

居家隔離期間，相看兩厭煩的貴族夫妻倆最近訂購了臥房專用的三溫暖兩人池，打算來增添些生活樂趣。

領主夫人：「親愛的，我們得脫光衣服進去嗎？」（疑惑貌）

領主大人：「當然啊，咱們要以虔誠的心將身體浸入水中，讓溫熱的清水洗滌我們的不淨！」

領主夫人：「那……咱們要裸著身子，吃著獵戶送來的鵪鶉嗎？」

領主大人：「是啊～待會僕人就會將主菜送上來了，咱們先吃點麵包配醬菜吧！」

領主夫人（哈啾）：「呃……好的親愛的，希望今晚過後咱們都沒感冒……」

中世紀領主在臥房泡澡吃飯
法國國家圖書館館藏，15 世紀。

賣醋の專業職人

歐洲曾經有一個很專門的職業，叫做賣醋職人。

關於賣醋職人的最早歷史紀錄，我們可以溯源到西元一三九四年，當時的賣醋職人基本上都要有著勇健的身軀，負重能力超強，要有辦法扛著擺滿用陶罐盛裝的各種食用或保養用的醋，一路沿著小鎮都市販售，那時候可是沒有柏油路，而是叩囉叩囉的碎石黃泥路，再好一點的都市裡才會有石板路。

當然隨著時代的演進，到了十七世紀時，賣醋的商人已經不用扛著扁擔，而是用木製的獨輪車堆著幾桶大橡木桶的醋來販售，有錢人家的管家或是僕人就會拿著自己家中的粗陶水罐來採購。實際上，用於運輸和盛放液體的器皿自古代起就有生產，粗陶水壺就一直用於儲存酒類和油醋，一直要到十八世紀，歐洲貴族階級跟上流社會才開始有了用於運輸高級品的暗綠色有色玻璃瓶出現。

Mon vinaigre est bon a merueille
Belle picarde en voulez vous.
Ou si vous aymez mieux le doux
J'en rempliray vostre bouteille.
Bosse in. et fe.
le Blond excud auec Priuilege du Roy.

賣醋人與買醋女子

亞伯拉罕・博斯（Abraham Bosse），法國巴黎卡納瓦雷博物館館藏，17 世紀。

那麼，倘若想要直接購買玻璃瓶裝的醋，或是想要有更多樣化的選擇，可能就得跟精壯的賣醋職人特別提前訂製。

我們可以從一位創作主題囊括十七世紀他所生活的年代之宗教，文學，時尚，工藝技術，科學和日常生活情景，名為亞伯拉罕・博斯（Abraham Bosse）的十七世紀蝕刻版畫家的作品中，看到賣醋職人的樣貌，這幅現存於巴黎歷史博物館中的版畫作品——醋的商人（Le marchand de vinaigre），就是一位男子推著獨輪車在石板路上跟一位拿著用麻繩袋捆著大陶罐的女士對話中的場景，圖畫下方寫著：「我的醋對瘀傷有益，或者如果您更喜歡溫和的配方，我可以將您所想要的裝滿您的醋瓶。」

我們來到西元一七二〇年，市面上開始有一件神奇商品在法國馬賽地區的藥局販售，是一種被稱作「四小偷的醋」（Le vinaigre des quatre voleurs）之神奇飲品，效用聽說是專門用來抵抗瘟疫。

相傳，在那個第一次法國大瘟疫黑死病的時代，時值西元一六二八年，人口數有五萬市民的南法大城市土魯斯（Toulouse），其中將近百分之二十的人口死於這場瘟疫，而四小偷之醋就在這個時期誕生。

根據當時的記載，有四位小偷專門利用這個瘟疫的大流行，偷竊染病身亡的人們他們身上的遺物，甚至是遺體盜賣，但神奇的是，這四位小偷都沒有被傳染，頭好壯壯到不行。後來，被警方逮捕到的他們，被問到這件事時，他們說了，小偷界流行服用一種自釀醋的療法，可以配水稀釋喝，也可以塗抹在太陽穴和手上抵抗病菌侵入體內。現今，我們在土魯斯的保爾．杜普伊珍寶藝術博物館（Musée Paul-Dupuy）中，還可以看到以綠色玻璃瓶保存著的那瓶百年前的四小偷醋瓶。

這個「四小偷醋」的配方，在西元一七四八年的法國藥典中被正式記載和命名，並且有相關一整頁頁面的條目紀錄，記載如下：「這款至今持續在市場上銷售，用以對抗傳染病的風險，治癒皮膚、頭髮和頭皮、疲勞、頭痛、呼吸道腫脹、消除蝨子等等功用。」

那麼在藥典中有紀錄是什麼樣的概念呢？藥典，是一個國家收錄記載藥品規格、製劑工藝、檢驗標準的法典，由國家組織專門的藥典編纂委員會所編寫，並且是具有法律的約束力。

其實若說到醋的起源，醋在所有擁有啤酒或葡萄酒釀造技術的古代文明中都存在：埃及、波斯、中國、羅馬、希臘和巴比倫。他們都不會錯過地發現了醋，這是露天存放這些發酵飲料演變而來的自然結果。大約在西元前二千年，開始有醋這項食材被記錄為治療傷口的醫療用途。約西元前五世紀，古希臘伯里克利時代的醫師，西方醫學之父——希波克拉底（Hippocrates），就用醋來醫治有呼吸系統疾病和消化系統疾病的患者。

話說第一位將這個三百多年前研發出，專門用來抗疫的「四小偷醋」商品化的先生名為安托萬—克洛德．麥亞（Antoine-Claude Maille），Maille這個名稱有在吃第戎芥末醬的同好絕對不陌生，Maille是一個一直到今日都可以在超市買到的法國醬料大品牌。回到麥亞先生的年代，當時的知識分子和社會精英們在凡爾賽宮中，或是巴黎的各地沙龍裡傾談辯論交流時，馬賽市卻因西元一七二〇年的那場瘟疫而遭受重創，病菌使人口急速銳減，在這個原先人口數為八萬至九萬之間的南部大城市，有將近四萬人都染疫而亡，就在那時，麥亞先生發現了醋的防腐特性。這位來自巴黎的蒸餾醋商人兼研發者，研究古籍並且商品化了「四小偷醋」，解救了馬賽的人民，降低瘟疫感染的速度。

其實，現在我們依舊可以在法國的有機超市中買到瓶裝已經釀好的四小偷醋，而現在市面上最多人買四小偷醋已不是為了防疫，而是為了自己家中的毛小孩們，四小偷醋被設定為貓貓狗狗的天然抗寄生蟲藥，能夠抵抗跳蚤和壁蝨的侵擾，並且鎮定被昆蟲叮咬和搔癢的肌膚，也可以用來消毒傷口和毛小孩們的梳子等等物品，甚至是可以緩解狗狗的關節痛！

十八世紀的法國是醋的黃金時代，是最不可言說的美容聖品，以香料、香草，例如松露、茴香、覆盆子、黑莓等等各種不同的食材，調配出多采多姿的醋的世界。同樣的我們所提到的將四小偷醋商品化的賣醋職人麥亞先生，除了研發最頂級的食用醋給餐桌上的世界，同樣地，開發了備受當時代貴族女性最為追捧的美容產品！

那麼，賣醋職人麥亞先生，他的兒子，麥亞二世，在西元一七四二年繼承了父業，為有錢有權有時間的貴族顧客們提供了麥亞家族獨特開發的商品，例如「維納斯之醋」、「處女之醋」等等客製化品項。

根據記載，這當中有著能讓膚質變滑順的醋，讓體毛變細軟的醋，收斂毛孔的醋，還有，讓麥亞先生一試成富翁，適合外用！塗抹！按摩！擦拭！讓即將新婚的女孩趨之若鶩之醋！渴望修復婚姻的婦女必買之醋！在那個不可言喻的傳說中，其中那幾個主打溫柔修護為主的醋，可以使黏膜痙攣緊實收縮，因此在口耳相傳中被貴族媽媽社團和千金少女群組視為靈丹妙藥，十八世紀婦女的必備閨房之物！畢竟誰年輕的時候沒談過一兩次轟轟烈烈的戀愛被壞男人騙呢！

基本上麥亞二世，他將家族企業擴大至擁有二百項配方醋商品的企業，各式各樣的調味醋和芥末醬，以及那讓他賺得滿盆缽名聲響叮噹的美容聖品配方，讓他得以在繼承家業後的短短五年間，使位在巴黎的 Maille 商店本舖於西元一七四七年成為了法國國王路易十五認證，凡爾賽宮宮廷內部的皇家食品供應商之一，路易十五最珍寵的情婦龐巴度夫人就是他最忠實的客戶，並且將這些無論是食用醋也好，美體醋也好的各種醋引進了宮廷的貴夫人圈，巴黎 Maille 商店，最終的稱號是「國王的蒸餾酒與醋之皇家製造商」。

同場加映

四小偷醋的神奇配方

四小偷與醋。（Le Vinaigre des 4 Voleurs.）

那麼，在此，就不藏私的把流傳後世的其中一種四小偷醋的釀醋配方記錄下來：

首先，以純發酵的蘋果醋為基底，釀造苦艾酒的原料：中亞苦蒿和羅馬艾草、迷迭香、鼠尾草、薄荷，我們端午節會掛在家門口的菖蒲和艾草，很臭的芸香草，冬天最棒飲品熱紅酒的主要香料之一肉桂以及薰衣草都各二盎司，以及很多的肉豆蔻、丁香、大蒜等等，基本上就是一個以各種單獨出來都很有獨特氣味的草藥食材都聚集在一起泡的藥酒的概念。將以上所有的藥草浸泡在基底醋十五天之後，再將單獨泡過幾小時的樟腦跟基底醋組合一起融合，就成功的製成抗菌效果十足的四小偷醋囉！

同場加映

西元一七二〇年馬賽大瘟疫

我們來看看西元一七二〇年發生在法國馬賽的全境封鎖災後圖片，當時所謂的瘟疫，也就是鼠疫，那個傳說中的黑死病，馬賽大瘟疫是十八世紀初因為航運全球化，大船由今日的敘利亞地區出發，途經鼠疫爆發的地中海島國賽普勒斯，帶原鼠疫桿菌的跳蚤跟老鼠偷偷上船，經由顛簸海路抵達馬賽海港。

在途中，開始有乘客和船員陸續死去，後來連船醫也一命嗚呼，已有九人死亡，各港口驚覺大事不妙，甚至拒絕此艘船停泊，抵達終點站馬賽當下，港口政府單位立刻下令進行隔離措施。

BUT，但是，就是這個但是！

這艘船滿載從中東和新世界所進口的如絲綢、波斯地毯、棉花、瓷器等大量新奇貨物，馬賽當地的商人總會正等待著將這批新奇玩意兒運去博凱爾博覽會（Foire de Beaucaire）賣個好價錢，於是，與二〇二〇年台灣的鑽石公

1720 年馬賽大瘟疫

米榭・賽荷（Michel Serre），

法國隆尚宮馬賽美術館（Musée des beaux-arts de Marseille）館藏，1720 年。

主號不同，他們運用公私權力迫使港口機關取消了船隻隔離措施。

再之後所發生的事，咱就不用再多說了，從圖中就可以看出人民的情緒反應對策與二百年後的狀態相差不大。

最終，這場鼠疫在四十萬人口中，奪去了九萬個人命和一萬二千個後遺症受害者，直到二年後的西元一七二二年這場鼠疫最終消滅。

#馬賽港口官員爾後被告入獄

#所流失掉的人口三年後就馬上補足

#馬賽港口關閉三十個月造成了經濟重挫

甜點是另一個胃所掌管的

每年當天氣開始漸漸熱起來之後，冰淇淋這個邪惡的小甜食就開始到處現身在我們生活周遭，就像是一種夏季的必備療癒食物，不知道從多久以前就已經存在，在還沒有冰箱，還沒有電，地球還沒有暖化的那個時代，就已經被發明出來的古早甜品。

到底，世界上第一個冰淇淋是誰發明的呢？

想像一下，在有著羅馬競技場跟羅馬浴場的古希臘羅馬時代，一位身著鬆垮披掛長袍，內裡已然空盪盪的男性貴族斜躺在床榻上喊著好熱好熱想吃冰，這位貴族家中廚房裡的僕人們，就必須長途跋涉到全年積雪的高山上鑿冰取冰雪，然後再趁著冰雪尚未融化之時，送達到主屋內，淋上香濃蜂蜜，將冰雪鑿得碎碎脆脆好入口的口感與蜂蜜攪拌在一起，上呈給主人享用。這，就是最浮誇的世界上第一口雪酪甜點的想像場景。

冰鎮的甜點早在二千多前的歐洲羅馬帝國時期就已經製作出來，當時的人們已經對這項冰冰涼涼甘甜甘甜的高價點心有著嚮往，從阿爾卑斯山出發的牛車隊，將那些堆疊著的，用小麥稈跟動物毛皮以及布袋包裹起來的冰磚，和濃縮擠壓成冰的鬆雪運送到羅馬的中央集貨市場裡。那時候，尚未有牛奶味的冰淇淋，而是由冰雪與水果和糖漿組合而成的冰糕雪酪。

時光荏苒，讓我們跨越時間從西元前來到西元後五十幾年的羅馬帝國凱薩大帝尼祿（Nero Claudius Caesar Augustus Germanicus）的宴會前準備：

咱們特地將義大利西西里島埃特納火山（Mount Etna）山頂附近的冰雪用特製石盒裝盛好，送回城邦再放進井洞中儲存，等待要上甜點之前，這些還新鮮的雪會搭配壓碎的水果泥，佐以蜂蜜調味，獻給最尊貴的宴會賓客一同享用。是的，就是如此奢華。

雖然，我們常常會在不知名的文章中看到一個小故事，故事敘述著有一位叫做馬可．波羅，生於西元十三世紀的威尼斯男子，遇到了大蒙古帝國的老大忽必烈，品嚐到了冰淇淋這項神祕的夏日甜點，然後將這份夏日甜點的配方帶回了義大利。

那麼看過聽完以上的段落我們知道了，也許這只是某種宣傳，事實上，冰淇淋這項夏日甜品是在差不多的時期，在差不多的世界各地會下雪結冰之地區，有差不多一樣想法之有志之士所發展出來的一種飲食種類。

西元前二千年，美索不達米亞文明中的幼發拉底河谷已經有了專門存放冰塊的房子存在。西元前五百年，西方醫學之父希波克拉底就留有譴責當時貴族喜好喝冰酒的習慣之記載。在中國，也是在西元前五世紀，相傳為周公所寫的《周禮》一書中，〈天官冢宰〉章節裡有提到：「凌人掌冰，正歲十有二月，令斬冰，三其凌。」

與古希臘羅馬時代一樣，中國周代就有專門管理冰塊的部門，來源就是冬天的天然冰，掌冰的部門便會在適當的時期去開採冰塊，再冷藏在地下石窟。《楚辭》中同時有記載，在東周時期，諸侯的宴席上則出現了冰鎮米酒，這個聽起來就跟冰在冷凍庫裡的高粱酒一樣美味的傢伙。

那麼，我們回到歐洲世界，再之後呢，冰的甜品是如何流傳到歐洲各國，又成為法式宮廷料理的一部分呢？

有一個傳說指出被稱為法國烹飪之母，出生於十六世紀初，來自佛羅倫斯，嫁給之後成為法國國王亨利二世的凱薩琳．德．麥迪奇皇后將冰鎮飲品的風潮帶到了法國皇室。跟隨凱薩琳．德．麥迪奇皇后一起嫁去法國的還有廚師以及甜點師，他們帶來了除了當時代的最新冰品雪酪，還有如食材松露的使用方式、不同樣貌的義大利麵通心粉、以及製造果醬的各種方法。凱薩琳．德．麥迪奇皇后也經常舉辦盛大的晚宴宴會，讓到訪賓客能品嚐由她從義大利帶過來的主廚所研發的創意料理，同時也能欣賞到佛羅倫斯文藝復興時期就存在之紡織工坊的刺繡桌巾、別緻有趣味的陶瓷盤以及來自威尼斯的玻璃器皿。

不過根據真實歷史上的文字記載，第一份水果雪酪和牛奶冰淇淋的配方是由一家名叫奧迪革（Nicolas Audige）的美食家從義大利進口的，並於西元一六六〇年提交給國王路易十四。

剛剛有提到與冰品密不可分的果醬，在西元九世紀人類知曉砂糖之前，果醬除了用來被當做點心食用，也是糖分的主要來源，果醬會用蜂蜜搭配無花果，葡萄等甜味顯著糖分高的水果製成。我們可以從十六世紀出版的食譜中發現，義大利式的肉醬醬汁中會混合果醬來綜合風味。

我們在「凡爾賽玫瑰篇」有提到過法國國王欽定的水果之王鳳梨這項來自熱帶的食材，在皇室中的食用方式很大機率會是以鳳梨雪酪的方式呈現，而從十八世紀開始，凡爾賽宮宮廷的人們嗜吃雪酪到一種為了雪酪創造出許多與冰淇淋相關器具的程度，同樣地也就是在路易十五那個時候，上菜到甜點階段時，都會換上一副專屬的餐具，當然甜點之後的乳酪也會有一樣的專屬乳酪刀，為什麼會提到乳酪？因為乳酪與甜點餐具是一同擺放的，有一個法文片語是這樣說的「在梨子和乳酪之間」（entre la poire et le fromage），也就是茶餘飯後的意思。

回到甜點冰品，甜點通常會是一頓晚宴的最後高潮，女主人會先將整個大蛋糕完整展示出來後，再由她本人或侍從切分，依照傳統，甜點除了特定會出現在宴會中的水果如哈密瓜會有水果刀，其餘如國王派巧克力慕斯等甜點向來是以甜點叉單獨使用，實際上連冰淇淋都必須以叉子來品嚐，小湯匙或稱甜點匙僅僅會出現在最後冰淇淋融化時用來撈取使用。

隨著科學工業的進展，世界上第一台家具型冷凍冰箱誕生在十七世紀的法國皇室，並在同時期於凡爾賽宮和香堤伊城堡（Château de Chantilly）中皆出現蹤跡，進而促進了冰淇淋配方的發展。自一六七三年開始，法國皇室法令授權給冰品飲料商販製造和販售冰淇淋，經歷幾十年的民間研發，西元一六八六年，一位義大利西西里人普羅柯普（Francesco Procopio dei Coltelli），在巴黎開設了歷史上第一家戶外咖啡館普羅柯普咖啡館（Le Café Procope），在那間咖啡館所發生的故事，我們在下一個章節會提。總之，在那兒，人們不僅能夠喝咖啡，同時店裡還提供了將近八十多種水果冰糕雪酪和牛奶為基底的冰淇淋，如茉莉、開心果、松露、水仙花、紫羅蘭色、薄荷、丁香、佛手柑、葡萄、核桃、杏仁等口味都是在那個時候就研發出來的!!!

據說在西元一七二〇年時，咖啡店老闆普羅柯普先生被委任為承辦香堤伊城堡孔代親王（Prince de Condé）所舉辦的盛大宴會之負責官員，創造出了香緹鮮奶油（Crème Chantilly）這項邪惡的產物，將乳脂含量高於百分之三十的液態奶油在攪拌過程中與空氣混和，逐漸變成蓬鬆的半液態黏著的樣子，體積大概變成原來的兩倍左右，可以放在熱巧克力上，還可以冰鎮成冰淇淋。

西元一七五一年，據傳曾擔任波蘭國王大內總管兼釀酒師的法國人約瑟夫・吉利耶斯（Joseph Gilliers）在其著作《法式製甜師傅》（*Le Cannaméliste Français*）上發表了幾種關於創新的冰淇淋／雪糕食譜，包括運用朝鮮薊、開心果、蜜餞橙果、奶油和糖來搭配。接著到西元一七六八年，一位署名叫做M・艾米（M. Emy）的作者出版了第一本冰淇淋食譜書——《製作冰淇淋的藝術》（*L'Art de bien faire les glaces d'office*），讓整個冰淇淋甜點的製作過程變得更加精緻，書中特別仔細地描述了牛奶凍結需要多長時間；冰和鹽的調配比例；以及如何保護原料免受製冷劑污染等等內容。

「Cannamelle」源自義大利文，通常拼寫為「Canamelle」，是甘蔗的舊名稱。而 Cannaméliste 可以解讀是負責製作利口酒和糖果的人（糖果，製糖，蜜餞等）。他們跟麵包師是不一樣的職業別，在還沒分類那麼細之前製甜師傅的前身是糕餅師，專門製作各種無論是肉類，魚類，乳酪及水果蜜餞餡餅。當蔗糖逐漸普及之後呢，又有著香料商兼藥劑師緊抓著自身製糖及糖漬水果的專利經營權，他們是最早發現這個糖類市場威力的業者，會用蜂蜜或糖漿調製成軟糖口味的藥劑，獻給有權有勢的患者，讓他們服用這種昂貴的、充滿甜味的、身心靈感到舒服的高雅藥品，或者將裹上糖的乾果也就是蜜餞包裝為消食藥品，幫助晚宴吃到撐的貴族們消化用。接著麵包師在爭取了許久之後，終於放棄了製作和販售蛋糕烘餅的權利，將權利釋出給糕餅師的身上，可想而知一切關於甜食的專利背後到底有多大的利潤，讓各相關行業的人爭相鬥爭爭取，一直到十八世紀啟蒙時代，歐洲全民熱愛美食的年代。

十八世紀初期的三十年間，甜品的製作開始變得越來越多樣化，冰淇淋的製作尤其佔了多數，我們還可以看到關於如何做好冰淇淋的藝術這方面的專業書籍在書

吃冰淇淋的場景

手工彩色蝕刻版畫，由法國巴黎蒙馬特出版商
皮埃爾．拉梅桑熱（Pierre de la Mésanger）出版，英國大英博物館館藏，1801 年。

店中流傳，冰淇淋的重要地位也在這時候達到頂峰。

大約從十八世紀下半葉開始，巴黎的幾間咖啡館開啟了爭相鬥豔的冰淇淋競爭模式，譬如提供了用模子塑形成可愛模樣，加入了蛋的配方，以蜜餞水果裝飾的乳製品冰淇淋，或是在西元一七七九年讓巴黎各大報爭相報導上流階層顧客口耳相傳必吃的利口酒冰淇淋！

巴黎所有上層階級和貴族們都湧入其中，包括不輕易出門的「真．巴黎貴婦們」，有時貴婦礙於身分不想下馬車進去店內，他們的貼身男侍從會幫女主人入內點餐外帶上馬車，一邊驅車前往杜樂麗花園一邊享用美味的冰淇淋。有一幅我們可以在大英博物館搜索到的手工上色版畫可以說明一二，時間是在西元一八〇一年，桌旁有一位服務生拿著非常大一張的冰淇淋口味指南在介紹著，三位穿著夏日清涼服飾的女士手拿甜筒狀的器皿，坐在餐桌旁狼吞虎嚥的吃著冰淇淋，右邊穿著黃色洋裝的女士好像吃得太過猛烈都不小心露點了。桌上散落著來不及使用的冰淇淋勺，還有一個托盤擺放著手工雕刻水晶瓶跟酒杯，桌子下方還有一隻猛撲在女士身上想要分一杯羹的獅子犬。

在這個時期，布爾喬亞階級的家庭也能夠在家中的廚房製作冰淇淋，手動冰淇淋調製機也出現在富有人家之中，各式各樣的冰淇淋食譜爭相現身，並且市面上也發明了也許是小朋友們最喜歡搭配的冰淇淋餅乾甜筒！

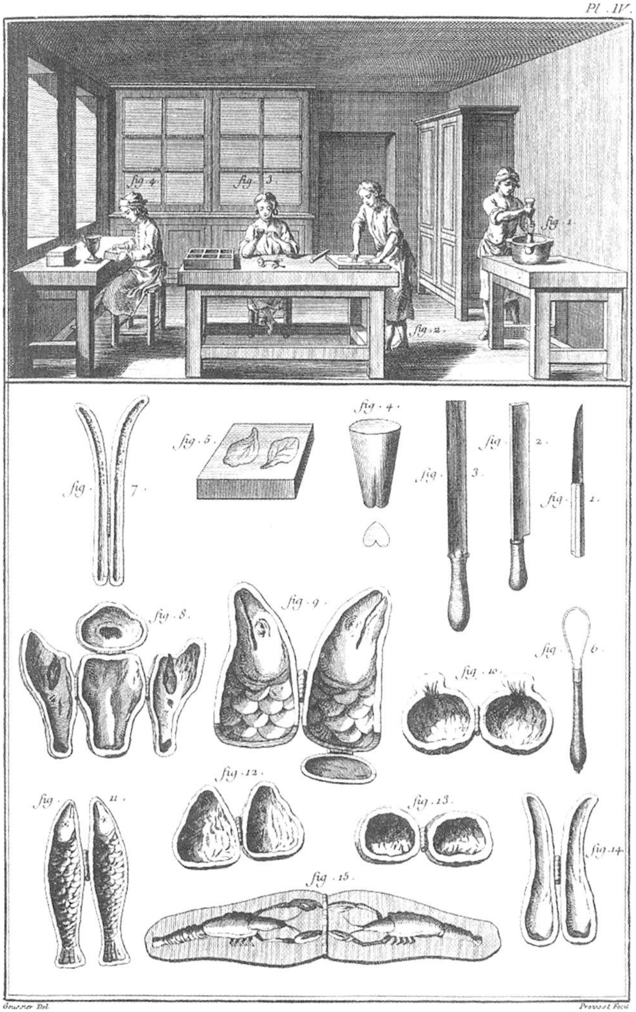

Confiseur, Pastillage et Moulles pour les Glaces.

冰淇淋甜點模具製作

德尼．狄德羅，《百科全書，或科學、藝術和工藝詳解詞典》

(*Encyclopédie, ou dictionnaire raisonné des sciences, des arts et des métiers*)，

由法國巴黎印刷商安托萬－克洛德．布里亞松（Antoine-Claude Briasson）出版，1765 年。

來點咖啡、茶或巧克力養生一下吧！

巧克力

歐洲皇室於十七世紀開始風行所謂的異國情調飲品，最一開始是由於這些飲品仰賴了醫生藥師的推崇和有效治療病患而受到各方讚揚與口耳相傳，再之後，咖啡、茶和巧克力又銜接著與十八世紀的洛可可風格之娛樂社交活動息息相關，作為難能可貴的高級進口食材，茶葉、咖啡和巧克力的購買成本極高，在十七和十八世紀初期可是被視為奢華享用的代表。

那麼，自從歐洲貴族和上層資產階級向法國的凡爾賽宮皇室那兒得知這三大飲品以來，咖啡、茶和巧克力就一直是貴族和上層資產階級社會必不可少的風雅情趣生活必備品。

咖啡來自阿拉伯，茶來自中國，巧克力來自墨西哥，這三種最新型態，來自神祕的異國，有提神且強身健體作用的飲品讓這彷彿引領著世界潮流中心的歐洲世界歡心喜愛。在「地理大發現」（又稱大航海時代）期間，被稱為「征服者」的西班牙和葡萄牙帝國之騎士，士兵和探險者出船航行到歐洲之外的土地去探險，到達了美洲、大洋洲、非洲和亞洲，征服了領土並開放了貿易路線。在十六、十七和十八世紀，他們將殖民主義帶到了世界大部分的地區，因此這些征服者就是地理大發現時期的冒險家，也就是他們這些征服者們，將這三種異國飲品分別的從印度、南美和亞洲引領來到歐洲世界。

巧克力在它原始的熱帶美洲發源地裡，有時候會是一種沒有加糖調味的食物醬汁或佐料，中國和日本至今喝茶還是習慣以原始風味沖泡，在十八世紀西印度群島上仍然聽聞有人會習慣在咖啡裡加芥末飲用。咖啡、茶以及巧克力這三種飲品都是苦的，甚至可以說對當時的歐洲人而言是非常苦的口感，那這種帶苦味的自然味覺風味該如何成為一種人們習慣的偏好呢？除了蔗糖的幫忙外，一種特定文化情境之下的生活氛圍其實幫助更多。

當咖啡，茶和巧克力這三種異國情調的飲料在法國宮廷中出現後僅幾十年間，就已經融入在所有上流社會的飲食文化中。從十八世紀出版的詞典中即精確地定義了一天中特定時間的哪些餐點搭配，在哪個時刻會喝到這些異國飲品。在那時候的上層社會，醒來的第一餐會先喝上加點糖的異國情調飲品，尤其是咖啡，這時很受歡迎，然後再用點小點心，接著來到了正午左右的第一餐，用完餐後再來品點茶消食，或者午飯後的休息時光，也是很適合讓僕從去沖泡一杯熱巧克力，最後在晚餐飯後的夜晚準備休息前，也是很適合再搭配一杯異國風味的飲料在睡前享用。

我們先從到今日推廣度依舊最高的巧克力開始說起。

巧克力最早是從新西班牙，也就是今日的墨西哥傳入西班牙。西元一五〇二年，探險家克里斯多福．哥倫布抵達在加勒比海的瓜納哈（Guanaja）島上，他有很多赫赫有名的第一次，同時他也是是第一個發現這種以可可製成奇異飲料的歐洲人，不過哥倫布本人對這項原材料並不重視，也許那時候他還將可可豆誤認為杏仁豆。

一直到西元一五一九年，另一位西班牙人征服者埃爾南．科爾特斯（Hernán Cortés）在墨西哥東部靠岸。不知道是什麼緣故，可能是上天的感應，與科爾特斯見到面的阿茲特克人在他身上看見了羽蛇神魁札爾科亞特爾（Quetzalcōhuātl）的形象，因此專程奉上種植好的可可樹給他，科爾特斯在那時第一次品嚐到可可飲品，跟我們現代認識的熱可可口感完全不同，這種可可飲品既有苦味又包含著辛辣味，也有可能帶了點迷幻感，畢竟阿茲特克人有時候會添加玉米、麵粉等主食和迷幻蘑菇一起食用。而義大利籍的征服者吉羅拉莫．本佐尼（Girolamo Benzoni）更在他於西元一五六五年出版的書籍《新世界的故事》(*Historia del Mondo Nuovo*)一書中提到：

「……巧克力似乎更像是豬的飲料，而不是人類食用的飲料。」

因此，那些在中南美洲待了下來的西班牙征服者們為了更能融入且理解當地風土的同時，能好好的品嚐自己口感能接受的食材，進而對可可製成的能量飲料進行修改。例如最簡單的方式就是添加了蔗糖的風味，這也與墨西哥人和馬雅人將可可飲品中添加蜂蜜的做法相似。新世界的土產香料被相似口味的舊世界歐洲大陸慣用香料取代，有一大部分原因是因為自身對於原材料的熟悉，同時也出於實用性考慮。

譬如，來自西班牙馬德里的醫生科爾梅內羅．勒德斯瑪就建議，在必要時用來自埃及托勒密王朝時期首都亞歷山大的玫瑰代替墨西哥當地的橙色萬壽菊，用黑胡椒代替墨西哥的辣椒。而阿茲特克那些含有玉米粉的可可飲料類型不容易保存，不含玉米粉的巧克力能保存持續時間更長，因此逐漸被淘汰，由征服者研發的可可豆新配方逐漸更適合跨越大西洋旅行。儘管這些更改一開始僅是為了能更易入口且更美味的口感，不過也進而使得西班牙和中美洲的口味內部一致化，這樣的配方改變意義重大，足以打破最初征服者對可可飲品的厭惡。

那麼，在最初對可可的噁心厭惡味覺消失之後，從西元一五二七年起，科爾特斯陸續將珍貴的可可豆帶回了西班牙，進貢給西班牙國王查理五世開始，一直有將近一百年的時間都是由西班牙哈布斯堡（Habsburgos españoles）壟斷可可豆的生意。實際上，當可可豆上岸時已經不是可可豆的樣貌，而是被製作成圓餅或長條塊狀的可可磚。

接著，巧克力在西班牙人手中出現第二次重大轉變，這個轉變表現在食用方法上：西班牙人將可可加熱到變成液體。這與新世界的土著使用方式形成鮮明對比，新世界土著是喝冷的。再來出現了第三個變化是添加了歐陸舊世界的香料，例如肉桂，黑胡椒粉或大茴香。

一直到西元一五八五年開始，巧克力在當時歐洲的時尚中心法國，由太陽王路易十四的另一半，西班牙的瑪麗—泰蕾莎（Maria Theresa of Spain）開起這個時尚的開關，讓溫暖又具有營養成分的熱可可經歷了真正的繁榮，遍及整個歐洲。儘管路易十四本人並不特別讚賞熱巧克力這項飲料，不過可可豆馬上開始在法國的安地列斯群島種植，並於西元一六七九年向法國本土交付了第一批正式的法國屬地可可豆，凡爾賽宮時尚開始將這些異國風情飲品提升到一種高級階層之間的必備生活情趣。

茶

關於茶的歷史，最早溯源起來，也許一切始於西元前二七三七年的中國吧！相傳，當時中國的三皇五帝之一——神農氏口渴了，坐在遮陽的樹蔭下先將水滾煮至沸騰時，有一陣微風拂過樹枝，幾片落葉掉了下來，剛好掉進煮水的容器中與熱水混合在一起，熱水中多了淡淡的色彩和芬芳。神農氏品嚐了它，陶醉於其中。這棵樹剛好是一顆野生的茶樹：於是，茶這項飲品就此誕生。

下午茶 le Thé
瑪麗．卡薩特（Mary Cassatt），
美國麻州，波士頓美術館（Museum of Fine Arts, Boston）館藏，1880 年。

大約從中國明朝開始，一樣由於地理大發現的緣故，開始有傳教的耶穌會士來到中國傳教，在一位在中國待了大約三十年的義大利耶穌會士利瑪竇（Matteo Ricci）所撰寫的回憶錄中，有以下的描述：「日本人將那些研磨成粉狀的茶葉放在杯子裡，接著盛滿二到三湯匙的開水攪拌均勻，然後茶湯就這樣混合完成。不過，中國人呢，則是把一些茶葉丟進去了一壺沸騰的水，然後在其中注入力量和美德之後，他們就可以飲用茶水，不過會留下茶葉在茶壺裡面。」

那麼，裝著茶湯的容器，茶瓶、茶壺、茶碗等這些跟景德鎮瓷器有關的茶道具器物開始發揮了文化交流的作用，從十七世紀末的歐洲開始，中國和日本的茶葉以及與這些東方器物相關的瓷器市場透過貿易公司開始推廣，首先是荷蘭人，然後是法國和英國人將這些東西一股腦的進口到歐洲市場。

事實上，相較於咖啡和巧克力，茶在十八世紀法國所受歡迎的程度僅僅維持只是還好而已，並沒有廣受大眾歡迎，其中一個原因是，由於茶是由英國和荷蘭公司進口的，因此要繳納高額的稅。所以，茶這種飲料的口味首先是在英國發展起來的。而且對普通人來說比較難以去體會不同品種的茶那種香氣之間細小幽微的區別，但沖泡方式卻相對容易，失去那種高規格貴族感。一直到大英帝國逐漸採用包裝器皿，品味或周邊裝飾去搭配查這項飲品，以及下午茶這個小奢華儀式的興起，法國的貴族精英們才逐漸融入飲茶的樂趣中。

在法國國王路易十四的御醫尼古拉斯·德·布勒尼（Nicolas de Blégny）於西元一六八七年出版的咖啡，茶和巧克力的著作《正確使用茶、咖啡和巧克力來預防和治療疾病的方法》（*Le bon usage du thé, du caffé et du chocolat*）中就有提到該如何挑選茶葉，首先要懂得區別茶葉的良善程度，也就是說，最好且最優秀的茶葉會具有「細小且細膩的葉子」，當熱水注入時會具有淡黃綠色的色系和優雅且令人愉悅的氣味。

咖啡

那麼咖啡呢？最早的歐洲咖啡飲用者其實是旅行到土耳其的歐洲人，在十七世紀初期，那些旅人在回歐洲本國的行李中，就有可能帶著咖啡豆和烘焙器具一起回來，同時間，咖啡的主要客群在那些中途停留靠岸在黑海港邊的水手中。一直到西元一六六九年，在法國，在一個非常特殊的地方有一間叫做咖啡館的場所開張了：這家咖啡館位在土耳其帝國的蘇丹穆罕默德四世所派遣來法國的使者索利曼·阿加

（Solimane Aga），他所居住的「大使館」裡面。自一六六一年以來，新上任的國王路易十四在確保了他的權力，重組了王國的經濟，行政，司法，宗教和文化生活的同時，也展開了與東邊國家的外交活動，總而言之，歷經了幾次很驚險的斷交狀態，來自土耳其帝國的使者第一次訪問歐洲，訪問一個基督宗教的主權國家。而路易十四也打算利用這一個優勢，證明咱們法國就是最棒的，有著最高的財富和權力。

索利曼．阿加於西元一六八九年七月抵達法國巴黎，在從漫長旅途中的辛勞暈車緩過來之後，這位外交官迅速表現出熱情好客的一面，他在家裡安排了各式各樣豪華的酒會，推廣一種當時法國人普遍稱不上特別喜歡的飲料：咖啡。索利曼．阿加毫不費力地迎接他的客人，在一個彷彿述說著一千零一夜的故事環境中：讓年輕英俊的僕人們戴著頭巾穿著豐盛的奧斯曼帝國服裝，為來赴宴的女士們提供了華麗的錦緞餐巾，上面裝飾有金色的條紋，在日本製造的瓷器杯中盛放咖啡。咖啡可根據自己的喜好加糖，並同時混搭中國瓷器和土耳其銀器。渴望異國情調的，並且對東方種種事物感到好奇無比的巴黎人對這個讓他們眼花繚亂的場景驚豔萬分，湧向了索利曼．阿加位於巴黎的大使館大門，沒有任何巴黎人想要錯過這些邀約，而這也就是咖啡這項飲品第一次用如此高規格的場面正式出現在法國的上流社會中。並且在接下來的幾年裡，巴黎如雨後春筍開設的咖啡館就已展現出對這個傳說可以激發智力的能量飲料熱潮所做出的回應。從那時候開始，歐洲人就意識到咖啡可以治療頭痛，並使人保持清醒狀態，這可以相對解釋在下一章節中，為什麼咖啡如此受到知識分子青睞的原因，雖然他們同時也意識到喝太多會令人緊張並阻止入睡。

可以巧妙避開皇家審查制度的咖啡館文化

讓我們先從令百姓為之色變的飲用水開始說起，在「中世紀的一日生活圈」那一章節我們也許有提到過，那個年代的人們，其實很少喝白開水的，因為，水中的各類微生物細菌病毒在當時的科學程度而言是無法去理解跟處理，很容易隨口一喝沒幾天就生命消失的狀態，也因此一直到文藝復興時期，當時的都市人們最常飲用的是啤酒與葡萄酒。

那麼，一路來到十七世紀，這間歐洲史上最古老的咖啡館普羅柯普的所在地——巴黎，巴黎人們的飲用水的來源會是哪兒呢?可想而知，巴黎的最大水源一直都是塞納河，專門用於取用賽納河河水的抽水幫浦大約建造於西元一六〇五年，每天會從塞納河吸取七百立方公尺的水分送到羅浮宮和杜樂麗宮，一直到一六七〇年聖母院橋新的抽水幫浦每天有能力從塞納河取出二千立方公尺的水供巴黎人使用。那麼身處當代的我們可能很難想像，那些塞納河的水會透過燒陶製作的管道，或是以掏空的樹幹套在一起的木製管道輸送至各處。塞納河的水源事實上是由水伕工會壟斷，同時間最高約有二萬名水伕一起辛勞的工作，住在巴黎的人們喝水沒有太多講究，有就好，不過外國使者來喝的話有很大機率會拉肚子就是了。兩萬名水伕每個人每一趟會用扁擔提兩大桶水，一天大約走個三十趟。

也因為十七世紀初，巴黎開始有著這套水資源系統，無論乾不乾淨甜不甜美，總之更方便居民使用到水。雖然隨著因為害怕梅毒傳染，以及天主教的教士們抨擊自中世紀以來男女共浴乃是傷風敗俗的行為，導致公共浴池越來越少，因而從大約一七六〇年的時候，在塞納河洗澡成為風氣，也有為此特地建造的洗澡船隻。這也表示，在某一段時間巴黎的塞納河幾乎跟印度的恆河一樣，除去生老病死，吃喝育樂都會用到這上面的河水，也難怪外國來訪使者的腸胃會受到猛烈的攻擊。

同時，在這期間國王路易十五所引領的政府完成了一系列貨幣改革，新體制確立之後，記帳貨幣也便於商店的營運。總而言之因為各種技術革新、體制改革，以及航海大發現帶回來的新飲品潮流等各項目同時間巧合的匯集，巴黎第一間固定時間營運並且持續經營到今天的普羅柯普咖啡館也就順勢地在這個狀況下開張了。

普羅柯普咖啡館實際上不是法國人開設的，而是由來自義大利西西里島的廚師普洛科皮歐於西元一六八六年所創立。

一開始普洛科皮歐是跟一位生意不怎麼好的巴黎香榭大道旁售貨亭老闆，買下了專門販售檸檬水和咖啡的特許證攤位，然後於西元一六八六年搬到今日巴黎左岸的位置。最初，這家店被旁人稱作螞蟻洞穴，因為即使外頭陽光燦爛，但是店的內部非常黑暗。普洛科皮歐決定進行改造，他購買了一間附近的公共浴池，並且拆除了裡頭獨特的裝潢設備，像是水晶吊燈，靠牆的金框半身鏡以及大理石桌等，然後安裝在這家即將讓巴黎眾人大開眼界的咖啡館裡頭，而這在之後也成為了現代歐洲咖啡館的標準配備。

在這裡，時尚紳士們可以喝到那些以前是在酒館裡喝到的異國情調飲料——用瓷器盛裝的黑咖啡，也可以吃到冰雪酪，由服務員穿著充滿異國風情，鄰近土耳其的亞美尼亞（今亞美尼亞共和國）傳統服飾為顧客們服務。

西元一六八九年，由國家所創立，路易十四指名的法蘭西劇院（La Comédie-Française），在普羅柯普咖啡館的對街開始營運，也因此這家咖啡館因為地緣之便吸引了許多演員、作家、音樂家、詩人、哲學家、革命家、政治家、科學家、舞台藝術家、劇作家和文學評論家，也就是說，所有那些後世都認得的偉人就在這間咖啡館七嘴八舌地談論自己的思想，政治傾向，革命的理念，戲劇音樂作品，以及參與了世界上第一本百科全書的構思。

普羅柯普咖啡館在創立之後，依舊在一堆跟隨著它的步伐如雨後春筍般冒出來的咖啡館之中佔有一席之地，儼然是當時最受歡迎的文學咖啡館，在那兒，可以看到法蘭西思想之父大文豪伏爾泰和提出公共意志、人性本善、人民主權論等影響後世很深的啟蒙運動思想家盧梭，白天會坐在咖啡館靠窗的桌邊一同討論文學與哲學。也可以看到身穿男裝，打破常規，被其同時代的人公認為最偉大的小說家，女權運動的先驅，鋼琴家李斯特和蕭邦的好友喬治·桑，和編撰出整個啟蒙運動最高成就《百科全書，或科學、藝術和工藝詳解詞典》（*Encyclopédie, ou dictionnaire raisonné des sciences, des arts et des métiers*）的德尼·狄德羅。而咖啡廳在那個時代也成為公眾輿論參與的特殊地點，知識分子也會在咖啡館這個美妙的場域中高談闊論針砭時

de Vinck
Etabliſsement de la nouvelle Philoſophie.
Notre Berceau fut un Caffé.
4152 P22840

普羅柯普咖啡館 Le Café Procope

法國國家圖書館館藏，1779 年。

事，甚至可能大膽地探討君主制度的可行性。

讓我在此轉移一下話題，談談何謂皇家審查制度。

從十六世紀開始，由於活字印刷術的普遍流傳，書面文字成為整個歐洲在政治鬥爭上至關重要的利器，尤其是透過小小本的小冊子和貼在牆壁上的海報。君王也擔心這會有助於在其王國中傳播異教徒的著作。因此，在印刷術發明之後不久，國家就開始了鎮壓政策：印出充滿煽動文字書籍的印刷者被發現後，通常會被處以非常高的罰款和監禁懲罰，更誇張的甚至會是被迫上絞刑台。

不過，每個國王對待審查制度的寬鬆程度不一，因此會根據國王對輿論的容忍度而有不同的結果。在法國，路易十三統治期間，設立了有關寫作出版的系統性政策。建立專門的常設機構以監督國家內所有關於印刷出版的一切。這不僅是宗教審查制度的問題，而是在某種程度上同時建立了公民審查制度。這也可以說是皇權世俗化和我們在「凡爾賽玫瑰篇」提到過的，朝著君主專制發展的一部分：法條化的皇家審查制度與建立學術機構的政策是一併進行的，這是為了掌握更高的權力，控制文化生活，以便服務於君權神授的國王。

那麼，為什麼在咖啡館中如此高談闊論甚至談論君主制度的利與弊，政府卻很難實行皇家審查制度呢？所有在這間咖啡館的人們參與了輿論的誕生，這是一個聚會場所，一個交談並因此交流思想的場所。因此，人們在這兒討論時事、政治，第一次有機會在沒有特定人事物限定的公共場合中發表自己的看法，而這些對話並不是書籍或是文字的書寫紀錄，就只有在聊天漫談中逐漸擴散出去的思想流傳，不僅僅是那些藝術家、哲學家或是作家會在咖啡館裡消費，同樣的撐起消費資源半邊天的布爾喬亞階級，一個不需要從事體力勞動但收入可觀的群體，例如管理銀行的主管、百貨商店雇主等公民階層與他們的家人，還有以專業取勝收入甚豐的工匠和移居首都的富裕農民也同樣會在閒暇時間到咖啡館認識上層階級的人，一起下個棋打打牌，就跟我們以前可以下象棋的泡沫紅茶店一樣。

新的思想同樣在貴族之間的沙龍流傳。例如當時的孔代親王在他的私人豪宅中，就有被贊助生活起居的音樂家住在這裡，這裡有一個從文藝復興時期佛羅倫斯傳來的專有名詞叫做藝術贊助人，在沙龍中可以看到正在演奏大鍵琴的莫札特，作家們朗讀著他們的連載小說，散文或是哲學論文等。貴太太們有時候會喝著早茶談論著戲劇音樂，有時候也會提到一些最近先生們聚會後回家提到的新科學和政治八卦話題。在這同一時間，私人沙龍的盛行與文學咖啡館的場域相輔相成，這些新型態的聚會與交流場所造就了法國啟蒙時代的開端。

普羅柯普咖啡館就是恰好在這個微妙的時代轉捩點中，趕上潮流，或是可以說成為潮流中很重要的一分子。法蘭西劇院與普羅柯普咖啡館坐落在同一條街區上，使得普羅柯普咖啡館很快就成為了劇院的前廳，觀眾在劇院中欣賞完了新劇，就可以馬上相約到咖啡館坐坐聊一下劇情內容，遇到不喜歡的就馬上批判了起來，當然同時也會有支持者開始與其辯論，而說不定劇作家或是音樂作曲家就也坐在角落聽著觀眾們最即席的反應，然後即席做出未來作品的校正或是直接跟觀眾們吵起架來。

對於咖啡的著迷，不僅僅是在巴黎的這間咖啡館，我們轉移視線到德國萊比錫，窺探一下最著名的巴洛克作曲家和管風琴家巴哈，他，也是個熱愛咖啡的音樂家，甚至熱愛到在西元一七三二年為一首跟咖啡有關的詩詞譜曲，並且發表，名為〈咖啡大合唱〉（*Coffee Cantata*），作為趣味性諷刺歌曲，代表了萊比錫資產階級生活的場景，這是在唱出十八世紀整個歐洲的一個顯著社會問題：全民咖啡成癮。歌詞中有一句話是這樣說的：「如果我一天不能喝三杯咖啡，那麼在煎熬中，我會變得像一塊蜷曲在那兒的烤羔羊腿。」

法國思想之父伏爾泰也許是歷史上咖啡上癮程度最誇張的哲學家。據說他每天都要在普羅柯普咖啡館點四十—五十杯不等的咖啡和巧克力混搭飲品，尤其案子越艱深點越多杯。當他八十歲時，他的醫生擔心他有著咖啡因成癮的症狀終於認真警告他，對咖啡的熱愛可能會殺死他。然而伏爾泰回說：「如果是這樣，我已經飲用將近八十年這種毒了，比同時代所有人都活得久啊！」沉迷於咖啡和咖啡館，也許就是啟蒙時代的一種精神糧食吧！

映加場同

在普羅柯普咖啡館創作出的作品之一

在這裡，我來舉出一個例子，讓大家感受一下在這家咖啡館中不同知識分子之間的往來對話，如何成就出各種影響世界的著作。就從貝爾納・勒・布耶・德・馮特內爾（Bernard Le Bouyer de Fontenelle）談起吧！

馮特內爾在二十九歲那一年，窩在普羅柯普咖啡館用法語寫了一本暢銷全歐洲的科學啟蒙著作，《關於世界多元性的對話》（*Entretiens sur la pluralité des mondes*），為當時代科普先行者，第一本沒有用拉丁文書寫，而是開宗明義的說要以男女老少非知識分子都能理解的法文來書寫科學。一開始是匿名發表的，不過咖啡館裡面的常客友人們都知道他在寫什麼，一年內再版了三次，隔一年的西元一六八七年，雖然被羅馬教廷列入魔法禁書目錄，不過反而更加搶手，有記錄在案的是一直到西元一七四七年此書再版了三十三個版本。就像是大家耳熟能詳的《一千零一夜》的故事一樣，只不過在這本書中，只有六個夜晚，每個夜晚都可以看到作者與馬奎斯侯爵和侯爵夫人之間的漫步對話，大家可以想像，事實上，這也許也會是咖啡館中作者跟其他客人之間的往來激辯對話後的哲理濃縮。

我們以第一個夜晚的章節來描述。在第一夜中，晚餐後，正在花園裡散步的侯爵夫人說：「我喜歡星星，想要抱怨太陽總會讓星星消失。」馮特內爾一旁回覆著說：「有時候我也無法喜歡會將光線覆蓋住全世界的太陽呢。」這時候，侯爵對於「全世界」這三個字所代表的意思很感興趣，請馮特內爾詳細的介紹一下。

馮特內爾首先解釋了其實太陽跟其他行星並不是繞著不會動的地球轉，地球並不是全世界的中心。然後他介紹了哥白尼的世界體系，地球自己會公轉並且同時間圍繞著太陽而旋轉，而其他行星也有軌道繞著太陽，並指出，這可以簡單地代表了一個世界，最後提到事實上只有月亮在繞著地球運轉。侯爵夫人聽完後說，「月亮沒有拋棄地球真是太好了呢！」馮特內爾繼續說：「讓地球以犧牲自轉和公轉為代價對地球不是一種善意。雖然說，聽起來一個名為地球的重物似乎很難移動，但實際上，地球可以在天空中輕鬆移動，就像大型船隻能在風的作用下在海上移動一樣。」一邊聽著馮特內爾的這些故事，侯爵漸漸開始去理解日心學說。

關於食物如何取得這回事

關於食物的取得這件事，對身處當代的我們，完全不會成為一個問題或是苦惱的點，那麼從前從前呢？該不會，外送餐點這個近幾年流行到不行的商業模式，從很久以前就有了吧？

在歐洲中世紀時期，社會就已經有各行各業的行會與商會，在這些行會中就有著已經被完好區分的水果販售商、屠夫業、熟食供應商、雜貨商以及麵包製造商等分門別類的區隔。那麼，那時候的人們就會去市場這個一直存在到今日的場域，去購入各種各樣的熟食和熱食，畢竟擁有大烤爐和正經八百地專用廚房的家庭只是少數，中世紀的人們在家中做飯其實並不是那麼的方便，也因此，數百年來，相較於貴族家庭和資產階級，他們會跟固定的攤位銷售點去訂購外送到府的食材，而住在城市的平凡居民，大多會從街區市場上買些熟食再搭配家中的簡易料理來享用，是

與逃往埃及的聖家一起布施的肉攤
(*Metzger-Verkaufsstand mit der Heiligen Familie auf der Flucht nach Ägypten, Almosen verteilend*)
彼得・阿爾岑(Pieter Aertsen),
美國北卡羅萊納州藝術博物館(North Carolina Museum of Art)館藏,1551 年。

不是就跟現代的我們相去不遠呢？

在這邊我們以十六世紀北方文藝復興風格的藝術家彼得．阿爾岑（Pieter Aertsen）的作品來詳細觀察一下，在五百年前的歐洲傳統市場肉舖中，會有什麼樣的商品呢？

當時的食物靜物畫可以算是寫實主義某方面的開端，畫作就像是擺拍的照片一般，呈現傳統菜市場的肉販砧板上的樣貌。這幅作品叫做〈與逃往埃及的聖家一起佈施的肉攤〉（*Metzger-Verkaufsstand mit der Heiligen Familie auf der Flucht nach Ägypten, Almosen verteilend*），畫面上遍佈滿滿的食材：我們可以看到整隻牛的骨架，吊掛在攤位上方的豬頭、豬皮、豬肚跟豬的後腿肉，還有桌面上的可能剛灌好的肉腸香腸，一顆牛頭，公雞等禽類，還有一個大陶碗裝滿處理好的豬油及豬腳。

我們可以先將想像的鏡頭轉移到整幅畫面的右上角，有一個招牌，上面以佛萊明語（Vlaams，一種帶有比利時口音的荷蘭語，也是比利時對法蘭德斯地區方言的舊稱。）寫著一些字，翻譯成中文的意思是：「後方有一百五十四桿的土地可以立即出售，能根據您的需求提出所需購買面積，也可以全部一百五十四桿一次買斷。」這邊的桿是指當時的一種計算單位，一百五十四桿約莫等於一英畝，也就是四千零四十七平方公尺，我們熟悉的一千二百二十五坪的大面積。這個招牌，後世的藝術史學家已達成共識，認為特地寫出的招牌在此場景中算是一種隱喻，藝術家阿爾岑隱喻了對於當代社會過於強調物質利益而喪失了精神財富的自我反省警語。

讓我們再次將腦中的鏡頭轉向畫面正前方，中間的盤子上還放了兩條新鮮的魚，桌面左邊還可以看到一些黃油乳酪牛奶跟那個時代的麵包，以及左上角掛著的椒鹽脆餅。各種肉類都用柳條編織的籃子擺放著。牛骨架後方吊有一個黃銅製的煮水大水壺，跟我們今日所用的煮水壺已經沒有任何外型上的區別。

〈與逃往埃及的聖家一起布施的肉攤〉這個主題，聽起來在文藝復興時代應該是一個充滿宗教神聖光芒含義的作品，首先先講一下標題中的聖家庭是指什麼意思好了。聖是神聖的聖，聖家代表的就是耶穌基督和聖母瑪麗亞他們一家人，所以在畫面上前景吊掛的豬頭耳朵旁邊後方的窗戶看出去，可以看到聖母瑪麗亞騎在驢子上一隻手抱著襁褓中的耶穌，一隻手正拿著看似像是麵包的食物布施給路上小孩的小小畫面，這應該是聖若瑟和瑪麗亞為了擺脫希律王的「屠殺嬰孩令」，帶着嬰孩耶穌逃亡到埃及中的某一個片段場景。路上描繪的其他人正朝著畫面最左邊窗戶看出去的教堂方向走，這些人和聖家庭的打扮皆是當時代普遍的平民穿著。

不過，就如同我們剛剛所提到的賣土地的招牌，事實上。這其實不是一個充滿

**1386 年英國國王
愛德華三世的四兒子
蘭開斯特公爵，
受到葡萄牙國王
約翰一世的晚宴款待**
大英圖書館數位館藏，
15 世紀。

宗教神聖光芒象徵意涵的作品，而是標示出十六世紀文藝復興時期的人們開始增加對於追求世俗享樂的興趣，以及微微削弱的宗教傳統思維，帶著一種物質主義的力量，這幅作品用食物讓觀眾感受到當時代真實世界的氣氛，實際上也表現出當時代人們對追求用餐這件事的提升。

所以，我們在中世紀的王公貴族晚宴上，可以看到勇者說著孔雀誓言的孔雀盛宴儀式被紀錄成畫像流傳下來，接著一路走到文藝復興運動初期的佛羅倫斯，那個時期最早出現的資本主義思想開始改變歐洲社會的情況下，上層社會的人士為了能抓住自己至高無上的封建地位，也會將奢華饗宴的景象以最頂級最高規格的樣貌留存下來，例如我們可以看到一個王子被十一位侍從圍繞著伺候用餐的繪畫作品，這除了代表了王子顯赫的權威地位，畫中還要連侍從的服裝都得珠光寶氣無比講究，表示所謂的侍從其實是王公貴族們親自主動上前服侍王子用餐，是個展現這個階層的個人財力與皇室權力的場合，在十五、十六世紀的那個年代，王公貴族們都積極地讓他們所贊助的宮廷藝術家們，留下能夠向人們顯示自己有多麼高貴多麼備受尊崇的樣貌。

方才提到了五百年前的歐洲傳統市場的肉舖，在市場裡，普通老百姓會透過貨幣金錢來交易食物，肉舖上販售的肉是手中有點錢的老百姓會去採購的，那麼王公貴族們呢？他們除了像我們在「中世紀的一日生活圈」提過的會有獵戶去送肉以外，大家應該多多少少都有看過歐洲古典的獵犬畫作吧，沒錯就是打獵，一種完全呈現社會階級的休閒育樂，貴族們的狩獵活動。這些貴族們在

貝林根騎士

讓—巴蒂斯特．烏德里，美國華盛頓國家藝廊（National Gallery of Art），1722 年。

自家城堡後院的森林中，透過自小學習的技能、知識和力量，以及可以從事狩獵運動的社會特權來獲取肉食。他們養著也得餵食肉食的大批獵犬，替他們去尋找和圍捕森林裡的獵物，這是一種權力跟奢華的層層疊加感，連貴族們馴養的獵犬都要吃平民百姓需要存錢才買得到的生肉的概念。也因此，狩獵畫也是貴族家中常見的繪畫作品，到了十七世紀，與歐洲傳統市場靜物畫相反的就是狩獵靜物畫了。

你可能會看到鳥禽類的獵物上被插著箭，還有兔子狐狸等獵物堆疊在地上，獵犬看起來就是很餓的在狩獵戰利品旁嗅來嗅去的景象，獵物與打獵工具在一張畫面中同時出現。在狩獵靜物畫中，裡面的獵物有些是可食用性獵物，例如野豬野兔或雉雞，不過也有一些不常拿來放在餐桌上的，如充滿力與美的雄鹿。

有一些野豬也屬於不會拿來食用的類型，也許這個分類模式有點讓人摸不著頭緒，不過野豬毛皮跟野兔皮都可用來作為衣料使用，那麼不可食用的野豬就會跟雄鹿頭一樣做成野豬頭標本，是當時貴族家中會擺掛出來的戰利收藏品兼居家裝飾。

那個傳說中的安樂之國

我們回到享受食物這件事情上來看待用餐這件事，在十三世紀的古老法文故事手稿中，有一個新名詞出現了，被稱作 Cacagne，這個字的意思意指「一個安樂富足之地」，在這些流傳至今的古法語故事手稿中，Cacagne 是一個極度奢華富裕，以及可以永遠輕鬆生活的虛構理想國，在這個美好的安樂之國，身心靈無時無刻都感到舒適和愉悅，連中世紀的農民生活都是富足美好的。大自然的慷慨，讓這個安樂之國的居民都不會為了食物而煩惱，沒有饑荒與戰爭，賭博遊樂和懶惰是很正常的事情，工作則是被禁止的，神職人員，貴族和農民這代表中世紀三個階級的人民都可以悠哉發懶的一起躺在樹下打盹，他們的價值觀是睡得越多收穫越多，這是一篇以八音節詩所譜出的故事。

我這邊取出描述食物的部分來簡單描述一下這個安樂國，現今已不可考的作者描述了自己來到了一個想像國度的遊記，作者由於某種原因而必須進行宗教上的贖罪，因此踏上贖罪的旅途，沒想到在途中發現了一片充滿奇觀，讓他價值觀混淆的土地，這是一個「上帝與聖徒祝福」的國家，國名叫做安樂之國。

在安樂之國中，有一條河，河水是葡萄酒水，河面上浮著高腳金杯跟銀杯，就像是小時候我們聽到過的金斧頭與銀斧頭的故事一樣，只不過金杯銀杯隨意取用，所有酒杯的酒在人們從河邊拿起來的時候都會自動盛滿最棒的紅酒或白酒。這個國家的房子的牆壁是用鱸魚鮭魚做的，屋緣是鱘魚做的，屋頂是燻肉，支撐屋頂的梁柱是香腸，圍繞在農田的圍籬是烤肉和火腿。在市集裡，你可以看到掛著肥滋滋的鵝肉的烤肉架會自動翻轉烤火，還會自動地有大蒜時不時的調味一下，大街小巷隨時都有著鋪好潔白長餐巾的飯桌，所有人民都可以隨時坐下免費享用食物，整個安樂之國的人民，無論階級，都勇敢有禮貌氣質好。在這個國家還有特殊的曆法，這個國家只有星期天，天天都是星期天，每個月有六星期，每年有超多可以吃大餐的節日，如四個復活節，四次葡萄採收，四個嘉年華等等，然後每二十年才有一次齋節期。

安樂之國故事中的夢想，代表著一個享樂的夢想，而這個夢想，摻雜著階級平等以及男女平等的超級大夢想，從這個故事，我們可以窺探十三世紀的歐洲社會，對於當時期宗教裡所提倡的禁慾主義的厭惡，以及有別於宗教思想為主軸的思維以

安樂之國

老彼得．布呂赫爾（Pieter Bruegel the Elder），
德國慕尼黑，老繪畫陳列館（Alte Pinakothek）館藏，1567 年。

外之生活想像，而這個想像從每天最重要的吃食享樂說起，也由此得知，用餐這件事，雖說是特別的平凡，也特別的重要啊！

在童話天堂的土地上，我們可以自由、可以青春、可以性感；在童話天堂的土地上，我們享有富足以及充滿樂趣的生活；在童話天堂的土地上，我們可以擁有遠大的目標，也同樣可以選擇平淡隨意地活著。

不會被批判，不會被指責，不會被評論。因為所有一切的自由，取決於你。

跋

我在紙本書的末法時代*出了一本書

我生命中有一位女子，出生時懂得第一個語言是台語，再來就是當時的官方國語——日語，長大一點後，她進入了靜修女中就讀，跟著修女學了英文，再之後，山東話、江蘇話與上海話都略有涉獵。

韶光荏苒，她去了一間上海旗袍布行上班。某日，布行樓上某株式會社的男子，約了一樓店面這位嬌小玲瓏的女士去看電影，男子為了保持君子風度，帶著當時五歲，排行第五的妹妹一起去電影院赴約。

間接地，透過不諳世事的五妹妹旁中敲鑼打鼓，男子全家族三合院的人都知道，大哥談戀愛交女朋友了！可以準備提親了！

我生命中的這位女子與這位男子同歲，同生於昭和七年，歷經過第二次世界大戰。她在婚後的大家族中，一邊務農一邊顧孩的同時，也開始了刺繡的閒暇育樂，並且成為了日本池坊的花道師範；她不僅僅是個綠手指，還是位充滿美感的不留名花道藝術家；她也是極為虔誠的大乘佛教徒，晚年受佛教五戒，是位在家修行居士。

她在宗教信仰上有著開闊的視野與胸懷，當她知道我要前往歐洲求學時，她跟我說，遇到不順遂或心情不好時，不妨去教堂走走，禱告一番，跟上帝說的話，釋迦摩尼佛也會知道，因為祂們都位處西方，可以打電話互通有無。

這番話，成為我一生的深刻記憶，讓我不用拘泥於她的信仰，而錯失不同文化的洗禮，而我在西方藝術史之學習也毫無疑問地是奠基在《聖經》之中，這是她——我的阿嬤，所教導我數一數二重要的事。

在書寫這部作品的光陰裡，我生命中最重要的這對男女，在同年度相繼離開塵世，同享耆壽九十歲。幸好，鏡好聽的「餐桌上的藝術史」率先製作完成且上架，能讓他們兩位都有機會聽到我所講的故事，了解到他們的孫女到底在做些什麼。

我是一個很慢很佛系的人，很幸運的在這個社會氛圍急速流動的世界裡能好好生存著，而這本書的完成，有賴來自不同出版社從業者們的交流，讓我能遇到很合拍的，我的編輯。

僅以此書獻給——

我人生中第一個好朋友、酒友與電影同好——我的阿公，以及讓我能在不同文化之中綻放出來開闊思維的啓蒙——我的阿嬤。

＊編按：末法時代，為佛教用語，原指佛教轉為衰頹的時代，在此借引申義用之。

國家圖書館出版品預行編目(CIP)資料

聽說勇者才有資格吃孔雀？——有時美妙，有時臭臭，你不知道的歐洲趣味史之超有事日常／里鹿著. -- 初版. -- 臺北市：麥田出版：英屬蓋曼群島商家庭傳媒股份有限公司城邦分公司發行，2023.05
面； 公分. --（人文；30）
ISBN 978-626-310-435-8（平裝）

1.CST: 文化史 2.CST: 社會生活 3.CST: 歐洲

740.3 112003616

人文 30

聽說勇者才有資格吃孔雀？

有時美妙，有時臭臭，你不知道的歐洲趣味史之超有事日常

作者 里鹿
責任編輯 陳淑怡
校對 陳怡璇

版權 吳玲緯
行銷 闕志勳 吳宇軒
業務 李再星 陳美燕
副總編輯 林秀梅
編輯總監 劉麗真
總經理 陳逸瑛
發行人 凃玉雲
出版 麥田出版
104 台北市民生東路二段 141 號 5 樓
電話：(886) 2-2500-7696
傳真：(886) 2-2500-1967
發行 英屬蓋曼群島商家庭傳媒股份有限公司城邦分公司
104 台北市民生東路二段 141 號 11 樓
書虫客服服務專線：(886) 2-2500-7718、2500-7719
24 小時傳真服務：(886) 2-2500-1990、2500-1991
服務時間：週一至週五 09:30-12:00．13:30-17:00
郵撥帳號：19863813 戶名：書虫股份有限公司
讀者服務信箱 E-mail：service@readingclub.com.tw
麥田部落格 http://ryefield.pixnet.net/blog
麥田出版 Facebook https://www.facebook.com/RyeField.Cite/
香港發行所 城邦（香港）出版集團有限公司
香港灣仔駱克道 193 號東超商業中心 1 樓
電話：(852) 2508-6231 傳真：(852) 2578-9337
馬新發行所 城邦（馬新）出版集團【Cite(M)Sdn. Bhd】
41, Jalan Radin Anum, Bandar Baru Sri Petaling,
57000 Kuala Lumpur, Malaysia.
電話：(603) 9057-8822 傳真：(603) 9057-6622
E-mail: cite@cite.com.my

印刷 沐春行銷有限公司
內文設計 陳采瑩
封面設計 朱疋 Jupee

2023 年 5 月 初版一刷
定價 480 元
ISBN 978-626-310-435-8
ISBN 9786263104389（EPUB）